Ergebnisse der Zweiten Haager Friedenskonferenz

unbekannt

Ergebnisse der Zweiten Haager Friedenskonferenz

ISBN/EAN: 9783954271900
Erscheinungsjahr: 2012
Erscheinungsort: Bremen, Deutschland

© maritimepress in Europäischer Hochschulverlag GmbH & Co. KG, Fahrenheitstr. 1, 28359 Bremen. Alle Rechte beim Verlag und bei den jeweiligen Lizenzgebern.

www.maritimepress.de | office@maritimepress.de

Bei diesem Titel handelt es sich um den Nachdruck eines historischen, lange vergriffenen Buches. Da elektronische Druckvorlagen für diese Titel nicht existieren, musste auf alte Vorlagen zurückgegriffen werden. Hieraus zwangsläufig resultierende Qualitätsverluste bitten wir zu entschuldigen.

Ergebnisse der Zweiten Haager Friedenskonferenz

Berlin 1908
Ernst Siegfried Mittler und Sohn
Königliche Hofbuchhandlung
Kochstraße 68—71

Vorwort.

Der Verlauf der Verhandlungen der Zweiten Haager Friedenskonferenz ist im Novemberheft der Marine-Rundschau 1907 (S. 1251—1272) von Professor Zorn-Bonn eingehend behandelt. Im vorliegenden Beiheft sind die Ergebnisse der Konferenz nach dem von der deutschen Regierung veröffentlichten Weißbuch zusammengestellt, um dadurch dem Leser in übersichtlicher Form das Material in die Hand zu geben, das für die Bearbeitung internationaler Rechtsfragen auf Grund der Friedenskonferenz erforderlich ist. Um eine leichte Orientierung hinsichtlich des Zustandekommens der einzelnen Abkommen usw. sowie der Stellung der Mächte zu ihnen zu ermöglichen, ist in dem Verzeichnis der Abkommen hinter einem jeden die Stelle angegeben, an der in dem Artikel des Novemberheftes 1907 die betreffende Materie behandelt ist.

Berlin, im Januar 1908.

Die Schriftleitung der Marine-Rundschau.

Inhaltsverzeichnis.

                                                                          Seite

I. Programm der Zweiten Haager Friedenskonferenz   5

II. Auszug aus der Schlußakte der Zweiten Haager Friedenskonferenz . . .   6

    A. Verzeichnis der Abkommen, Erklärungen, Beschlüsse und Wünsche der Konferenz   6

    B. Inhalt der Abkommen usw.   8

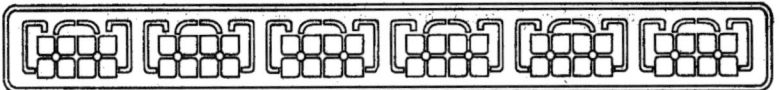

I.
Programm der Zweiten Haager Friedenskonferenz.

1. Verbesserung des Abkommens zur friedlichen Erledigung internationaler Streitfälle in dessen Bestimmungen über den Schiedshof und die internationalen Untersuchungskommissionen.

2. Ergänzung des Abkommens von 1899, betreffend die Gesetze und Gebräuche des Landkriegs, unter anderem durch Bestimmungen über den Beginn der Feindseligkeiten, über die Rechte der Neutralen zu Lande usw. . . . Deklarationen von 1899. Eine von ihnen ist abgelaufen; Frage ihrer Erneuerung.

3. Ausarbeitung eines Abkommens, betreffend die Gesetze und Gebräuche des Seekriegs, mit Beziehung auf:

die Spezialoperationen des Seekriegs, wie das Bombardement von Häfen, Städten und Dörfern durch Seestreitkräfte, die Legung von Seeminen usw. . . .,

die Umwandlung von Kauffahrteischiffen in Kriegsschiffe,

das Privateigentum der Kriegführenden auf See,

die Gewährung von Fristen für Kauffahrteischiffe zum Verlassen neutraler oder feindlicher Häfen nach dem Beginne der Feindseligkeiten,

die Rechte und Pflichten der Neutralen zur See, unter anderen Fragen die der Konterbande, die Behandlung der Schiffe der Kriegführenden in neutralen Häfen, die Zerstörung der als Prisen angehaltenen neutralen Kauffahrteischiffe im Notfalle.

In das auszuarbeitende Abkommen würden die für den Landkrieg geltenden Bestimmungen, die gleichermaßen auf den Seekrieg Anwendung finden sollen, aufzunehmen sein.

4. Ergänzung des Abkommens von 1899, betreffend die Anwendung der Grundsätze der Genfer Konvention von 1864 auf den Seekrieg.

II.
Auszug aus der Schlußakte der Zweiten Haager Friedenskonferenz.

A. Verzeichnis der Abkommen, Erklärungen, Beschlüsse und Wünsche der Konferenz.

I. Abkommen zur friedlichen Erledigung internationaler Streitfälle (M. R. 1907, S. 1256/61),
II. Abkommen, betreffend die Beschränkung der Anwendung von Gewalt bei der Eintreibung von Vertragsschulden (S. 1261),
III. Abkommen über den Beginn der Feindseligkeiten (S. 1254),
IV. Abkommen, betreffend die Gesetze und Gebräuche des Landkriegs (S. 1254/56),
V. Abkommen, betreffend die Rechte und Pflichten der neutralen Mächte und Personen im Falle eines Landkriegs (S. 1255),
VI. Abkommen über die Behandlung der feindlichen Kauffahrteischiffe beim Ausbruche der Feindseligkeiten (S. 1267),
VII. Abkommen über die Umwandlung von Kauffahrteischiffen in Kriegsschiffe (S. 1267),
VIII. Abkommen über die Legung von unterseeischen selbsttätigen Kontaktminen (S. 1269/70),
IX. Abkommen, betreffend die Beschießung durch Seestreitkräfte in Kriegszeiten (S. 1269),
X. Abkommen über die Anwendung der Grundsätze des Genfer Abkommens auf den Seekrieg (S. 1265),
XI. Abkommen über gewisse Beschränkungen in der Ausübung des Beuterechts im Seekriege (S. 1267),
XII. Abkommen über die Errichtung eines Internationalen Prisenhofs (S. 1262/65),
XIII. Abkommen, betreffend die Rechte und die Pflichten der neutralen Mächte im Falle eines Seekriegs (S. 1270/72),
XIV. Erklärung, betreffend das Verbot des Werfens von Geschossen und Sprengstoffen aus Luftschiffen (S. 1256).

Diese Abkommen und diese Erklärung sollen ebensoviele besondere Urkunden bilden. Diese Urkunden sollen das Datum des heutigen Tages (18. Oktober 1907) tragen und können bis zum 30. Juni 1908 im Haag von den Bevollmächtigten der auf der Zweiten Friedenskonferenz vertretenen Mächte unterzeichnet werden.

Die Konferenz hat im Geiste der Verständigung und gegenseitigen Nachgiebigkeit, der eben der Geist ihrer Beratungen ist, die nachstehende **Erklärung** beschlossen, die zwar jeder der vertretenen Mächte die Wahrung ihres eigenen Standpunkts vorbehält, ihnen allen aber gestattet, die Grundsätze, die sie als einstimmig anerkannt ansehen, zu bestätigen (M. R. 1907, S. 1259/60):

Sie ist einstimmig
1. in der grundsätzlichen Anerkennung der obligatorischen Schiedssprechung;
2. in der Erklärung, daß gewisse Streitigkeiten, insbesondere solche über die Auslegung und Anwendung internationaler Vertragsabreden, geeignet sind, der obligatorischen Schiedssprechung ohne jede Einschränkung unterworfen zu werden.

Sie ist endlich einstimmig darin auszusprechen, daß, wenn es ihr auch nicht gelungen ist, schon jetzt ein Abkommen in diesem Sinne zustande zu bringen, doch die hervorgetretenen Meinungsverschiedenheiten die Grenzen einer juristischen Auseinandersetzung nicht überschritten haben, und daß alle Mächte der Welt während ihres hiesigen viermonatigen Zusammenarbeitens nicht nur gelernt haben, einander besser zu verstehen und einander näherzutreten, sondern auch verstanden haben, während dieses langen Zusammenwirkens ein sehr hohes Gefühl für das Gemeinwohl der Menschheit zur Entwicklung zu bringen.

Außerdem hat die Konferenz mit Einstimmigkeit folgenden **Beschluß** gefaßt: (M. R. 1907, S. 1252/53).

Die Zweite Friedenskonferenz bestätigt den auf der Konferenz von 1899 in Ansehung der Beschränkungen der Militärlasten angenommenen Beschluß und erklärt im Hinblick darauf, daß die Militärlasten seit jenem Jahre in fast allen Ländern erheblich gewachsen sind, es für höchst wünschenswert, daß die Regierungen das ernstliche Studium dieser Frage wieder aufnehmen.

Sie hat ferner folgende **Wünsche** ausgesprochen:
1. Die Konferenz empfiehlt den Signatarmächten die Annahme des anliegenden Entwurfs eines Abkommens über die Errichtung eines Schiedsgerichtshofs und seine Inkraftsetzung, sobald eine Einigung über die Auswahl der Richter und die Zusammensetzung des Gerichtshofs erfolgt ist. (M. R. 1907, S. 1261.)
2. Die Konferenz spricht den Wunsch aus, daß im Kriegsfalle die zuständigen Zivil- und Militärbehörden es sich zur ganz besonderen Pflicht machen, den Fortbestand des friedlichen Verkehrs und namentlich der kaufmännischen und industriellen Beziehungen zwischen der Bevölkerung der kriegführenden Staaten und den neutralen Ländern zu sichern und zu schützen. (S. 1256.)
3. Die Konferenz spricht den Wunsch aus, daß die Mächte durch besondere Abkommen die Lage der auf ihren Gebieten ansässigen Ausländer in Ansehung der Militärlasten regeln. (S. 1255.)
4. Die Konferenz spricht den Wunsch aus, daß die Ausarbeitung einer Ordnung der Gesetze und Gebräuche des Seekriegs in das Programm der

nächsten Konferenz aufgenommen werde, und daß jedenfalls die Mächte die Grundsätze des Abkommens über die Gesetze und Gebräuche des Landkriegs so weit wie möglich auf den Seekrieg anwenden. (S. 1256.)

Endlich empfiehlt die Konferenz den Mächten, die Zusammenberufung einer Dritten Friedenskonferenz, deren Zusammentritt nach Ablauf eines Zeitraums, etwa so wie er seit der vorigen Konferenz verstrichen ist, zu einer zwischen den Mächten zu vereinbarenden Zeit stattzufinden hätte; sie lenkt ihre Aufmerksamkeit auf die Notwendigkeit, die Arbeiten dieser Dritten Konferenz im voraus so rechtzeitig vorzubereiten, daß deren Beratungen mit der unerläßlichen Würde und Schnelligkeit Fortgang nehmen.

Zur Erreichung dieses Zweckes hält es die Konferenz für sehr wünschenswert, daß etwa zwei Jahre vor dem voraussichtlichen Zusammentritte der Konferenz ein Vorbereitungsausschuß von den Regierungen damit beauftragt werde, die verschiedenen der Konferenz zu unterbreitenden Vorschläge zu sammeln, die für eine demnächstige internationale Regelung geeigneten Gegenstände auszusuchen und ein Programm vorzubereiten, das die Regierungen zeitig genug festzustellen hätten, um seine eingehende Prüfung in jedem Lande zu ermöglichen. Dieser Ausschuß würde außerdem berufen sein, Vorschläge für die Art der Organisation und des Verfahrens der Konferenz selbst zu machen.

B. Inhalt der Abkommen usw.

I. Abkommen zur friedlichen Erledigung internationaler Streitfälle.

Erster Titel.
Erhaltung des allgemeinen Friedens.

Artikel 1. Um in den Beziehungen zwischen den Staaten die Anrufung der Gewalt soweit wie möglich zu verhüten, erklären sich die Vertragsmächte einverstanden, alle ihre Bemühungen aufwenden zu wollen, um die friedliche Erledigung der internationalen Streitfragen zu sichern.

Zweiter Titel.
Gute Dienste und Vermittlung.

Artikel 2. Die Vertragsmächte kommen überein, im Falle einer ernsten Meinungsverschiedenheit oder eines Streites, bevor sie zu den Waffen greifen, die guten Dienste oder die Vermittlung einer befreundeten Macht oder mehrerer befreundeter Mächte anzurufen, soweit dies die Umstände gestatten werden.

Artikel 3. Unabhängig hiervon halten die Vertragsmächte es für nützlich und wünschenswert, daß eine Macht oder mehrere Mächte, die am Streite nicht beteiligt sind, aus eigenem Antriebe den im Streite befindlichen Staaten ihre guten Dienste oder ihre Vermittlung anbieten, soweit sich die Umstände hierfür eignen.

Das Recht, gute Dienste oder Vermittlung anzubieten, steht den am Streite nicht beteiligten Staaten auch während des Ganges der Feindseligkeiten zu.

Die Ausübung dieses Rechtes kann niemals von einem der streitenden Teile als unfreundliche Handlung angesehen werden.

Artikel 4. Die Aufgabe des Vermittlers besteht darin, die einander entgegengesetzten Ansprüche auszugleichen und Verstimmungen zu beheben, die zwischen den im Streite befindlichen Staaten etwa entstanden sind.

Artikel 5. Die Tätigkeit des Vermittlers hört auf, sobald, sei es durch einen der streitenden Teile, sei es durch den Vermittler, selbst festgestellt wird, daß die von diesem vorgeschlagenen Mittel der Verständigung nicht angenommen werden.

Artikel 6. Gute Dienste und Vermittlung, seien sie auf Anrufen der im Streite befindlichen Teile eingetreten oder aus dem Antriebe der am Streite nicht beteiligten Mächte hervorgegangen, haben ausschließlich die Bedeutung eines Rates und niemals verbindliche Kraft.

Artikel 7. Die Annahme der Vermittlung kann, unbeschadet anderweitiger Vereinbarung, nicht die Wirkung haben, die Mobilmachung und andere den Krieg vorbereitende Maßnahmen zu unterbrechen, zu verzögern oder zu hemmen.

Erfolgt sie nach Eröffnung der Feindseligkeiten, so werden von ihr, unbeschadet anderweitiger Vereinbarung, die im Gange befindlichen militärischen Unternehmungen nicht unterbrochen.

Artikel 8. Die Vertragsmächte sind einverstanden, unter Umständen, die dies gestatten, die Anwendung einer besonderen Vermittlung in folgender Form zu empfehlen:

Bei ernsten, den Frieden gefährdenden Streitfragen wählt jeder der im Streite befindlichen Staaten eine Macht, die er mit der Aufgabe betraut, in unmittelbare Verbindung mit der von der anderen Seite gewählten Macht zu treten, um den Bruch der friedlichen Beziehungen zu verhüten.

Während der Dauer dieses Auftrags, die, unbeschadet anderweitiger Abrede, eine Frist von dreißig Tagen nicht überschreiten darf, stellen die streitenden Staaten jedes unmittelbare Benehmen über den Streit ein, welcher als ausschließlich den vermittelnden Mächten übertragen gilt. Diese sollen alle Bemühungen aufwenden, um die Streitfrage zu erledigen.

Kommt es zum wirklichen Bruche der friedlichen Beziehungen, so bleiben diese Mächte mit der gemeinsamen Aufgabe betraut, jede Gelegenheit zu benutzen, um den Frieden wiederherzustellen.

Dritter Titel.
Internationale Untersuchungskommissionen.

Artikel 9. Bei internationalen Streitigkeiten, die weder die Ehre noch wesentliche Interessen berühren und einer verschiedenen Würdigung von Tatsachen entspringen, erachten die Vertragsmächte es für nützlich und wünschenswert, daß die Parteien, die sich auf diplomatischem Wege nicht haben einigen können, soweit es die Umstände gestatten, eine internationale Untersuchungskommission einsetzen mit dem Auftrage, die Lösung dieser Streitigkeiten zu erleichtern, indem sie durch eine unparteiische und gewissenhafte Prüfung die Tatfragen aufklären.

Artikel 10. Die internationalen Untersuchungskommissionen werden durch besonderes Abkommen der streitenden Teile gebildet.

Das Untersuchungsabkommen gibt die zu untersuchenden Tatsachen an; es bestimmt die Art und die Frist, in denen die Kommission gebildet wird, sowie den Umfang der Befugnisse der Kommissare.

Es bestimmt gegebenenfalls ferner den Sitz der Kommission und die Befugnis, ihn zu verlegen, die Sprache, deren die Kommission sich bedienen wird, und die Sprachen, deren Gebrauch vor ihr gestattet sein soll, den Tag, bis zu dem jede Partei ihre Darstellung des Tatbestandes einzureichen hat, sowie überhaupt alle Punkte, worüber die Parteien sich geeinigt haben.

Erachten die Parteien die Ernennung von Beisitzern für nötig, so bestimmt das Untersuchungsabkommen die Art ihrer Bestellung und den Umfang ihrer Befugnisse.

Artikel 11. Hat das Untersuchungsabkommen den Sitz der Kommission nicht bezeichnet, so hat diese ihren Sitz im Haag.

Der einmal bestimmte Sitz kann von der Kommission nur mit Zustimmung der Parteien verlegt werden.

Hat das Untersuchungsabkommen die zu gebrauchenden Sprachen nicht bestimmt, so wird darüber von der Kommission entschieden.

Artikel 12. Sofern nicht ein anderes verabredet ist, werden die Untersuchungskommissionen in der in den Artikeln 45, 57 dieses Abkommens bezeichneten Weise gebildet.

Artikel 13. Im Falle des Todes, des Rücktritts oder der aus irgend einem Grunde stattfindenden Verhinderung eines Kommissars oder eines etwaigen Beisitzers erfolgt sein Ersatz in der für seine Ernennung vorgesehenen Weise.

Artikel 14. Die Parteien haben das Recht, bei der Untersuchungskommission besondere Agenten zu bestellen mit der Aufgabe, sie zu vertreten und zwischen ihnen und der Kommission als Mittelsperson zu dienen.

Sie sind außerdem berechtigt, Rechtsbeistände oder Anwälte, die sie ernennen, mit der Darlegung und Wahrnehmung ihrer Interessen vor der Kommission zu beauftragen.

Artikel 15. Das Internationale Bureau des Ständigen Schiedshofs dient den Kommissionen, die ihren Sitz im Haag haben, für die Bureaugeschäfte und hat sein Geschäftslokal und seine Geschäftseinrichtung den Vertragsmächten für die Tätigkeit der Untersuchungskommission zur Verfügung zu stellen.

Artikel 16. Hat die Kommission ihren Sitz anderswo als im Haag, so ernennt sie einen Generalsekretär, dessen Bureau ihr für die Bureaugeschäfte dient.

Dem Bureauvorstande liegt es ob, unter der Leitung des Vorsitzenden die äußeren Vorkehrungen für die Sitzungen der Kommission zu treffen, die Protokolle abzufassen und während der Dauer der Untersuchung das Archiv aufzubewahren, das später an das Internationale Bureau im Haag abzugeben ist.

Artikel 17. Um die Einsetzung und die Tätigkeit der Untersuchungskommissionen zu erleichtern, empfehlen die Vertragsmächte die nachstehenden Regeln, die auf das Untersuchungsverfahren Anwendung finden, soweit die Parteien nicht andere Regeln angenommen haben.

Artikel 18. Die Kommission soll die Einzelheiten des Verfahrens bestimmen, die weder in dem Untersuchungsabkommen noch in dem vorliegenden Abkommen geregelt sind; sie soll zu allen Förmlichkeiten schreiten, welche die Beweisaufnahme mit sich bringt.

Artikel 19. Die Untersuchung erfolgt kontradiktorisch.

Zu den vorgesehenen Zeiten übermittelt jede Partei der Kommission und der Gegenpartei gegebenenfalls die Darlegungen über den Tatbestand und in jedem Falle die Akten, Schriftstücke und Urkunden, die sie zur Ermittlung der Wahrheit für nützlich erachtet, sowie eine Liste der Zeugen und Sachverständigen, deren Vernehmung sie wünscht.

Artikel 20. Die Kommission ist befugt, mit Zustimmung der Parteien sich zeitweilig an Orte zu begeben, wo sie dieses Aufklärungsmittel anzuwenden für nützlich erachtet, oder dorthin eins oder mehrere ihrer Mitglieder abzuordnen. Die Erlaubnis des Staates, auf dessen Gebiete zu der Aufklärung geschritten werden soll, ist einzuholen.

Artikel 21. Alle tatsächlichen Feststellungen und Augenscheinseinnahmen müssen in Gegenwart oder nach gehöriger Ladung der Agenten und Rechtsbeistände der Parteien erfolgen.

Artikel 22. Die Kommission hat das Recht, von beiden Parteien alle Auskünfte oder Aufklärungen zu verlangen, die sie für nützlich erachtet.

Artikel 23. Die Parteien verpflichten sich, der Untersuchungskommission in dem weitesten Umfange, den sie für möglich halten, alle zur vollständigen Kenntnis und genauen Würdigung der in Frage kommenden Tatsachen notwendigen Mittel und Erleichterungen zu gewähren.

Sie verpflichten sich, diejenigen Mittel, über welche sie nach ihrer inneren Gesetzgebung verfügen, anzuwenden, um das Erscheinen der vor die Kommission geladenen Zeugen und Sachverständigen, die sich auf ihrem Gebiete befinden, herbeizuführen.

Sie werden, wenn diese nicht vor der Kommission erscheinen können, deren Vernehmung durch ihre zuständigen Behörden veranlassen.

Artikel 24. Die Kommission wird sich zur Bewirkung aller Zustellungen, die sie im Gebiet einer dritten Vertragsmacht herbeizuführen hat, unmittelbar an die Regierung dieser Macht wenden. Das gleiche gilt, wenn es sich um die Herbeiführung irgendwelcher Beweisaufnahmen an Ort und Stelle handelt.

Die zu diesem Zweck erlassenen Ersuchen sind nach Maßgabe derjenigen Mittel zu erledigen, über welche die ersuchte Macht nach ihrer inneren Gesetzgebung verfügt. Sie können nur abgelehnt werden, wenn diese Macht sie für geeignet hält, ihre Hoheitsrechte oder ihre Sicherheit zu gefährden.

Auch steht der Kommission stets frei, die Vermittlung der Macht in Anspruch zu nehmen, in deren Gebiete sie ihren Sitz hat.

Artikel 25. Die Zeugen und die Sachverständigen werden durch die Kommission auf Antrag der Parteien oder von Amts wegen geladen, und zwar in allen Fällen durch Vermittlung der Regierung des Staates, in dem sie sich befinden.

Die Zeugen werden nacheinander und jeder für sich in Gegenwart der Agenten und Rechtsbeistände und in der von der Kommission bestimmten Reihenfolge vernommen.

Artikel 26. Die Vernehmung der Zeugen erfolgt durch den Vorsitzenden.

Doch dürfen die Mitglieder der Kommission an jeden Zeugen die Fragen richten, die sie zur Erläuterung oder Ergänzung seiner Aussage oder zu ihrer Aufklärung über alle den Zeugen betreffenden Umstände für zweckdienlich erachten, soweit es zur Ermittlung der Wahrheit notwendig ist.

Die Agenten und die Rechtsbeistände der Parteien dürfen den Zeugen in seiner Aussage nicht unterbrechen, noch irgend eine unmittelbare Anfrage an ihn richten; sie können aber den Vorsitzenden bitten, ergänzende Fragen, die sie für nützlich halten, dem Zeugen vorzulegen.

Artikel 27. Dem Zeugen ist es bei seiner Aussage nicht gestattet, einen geschriebenen Entwurf zu verlesen. Doch kann er von dem Vorsitzenden ermächtigt werden, Aufzeichnungen oder Urkunden zu benutzen, wenn die Natur der zu bekundenden Tatsachen eine solche Benutzung erheischt.

Artikel 28. Über die Aussage des Zeugen wird während der Sitzung ein Protokoll aufgenommen, das dem Zeugen vorgelesen wird. Der Zeuge darf dazu die ihm gut scheinenden Änderungen und Zusätze machen, die am Schlusse seiner Aussage vermerkt werden.

Nachdem dem Zeugen seine ganze Aussage vorgelesen ist, wird er zur Unterzeichnung aufgefordert.

Artikel 29. Die Agenten sind befugt, im Laufe oder am Schlusse der Untersuchung der Kommission und der Gegenpartei solche Ausführungen, Anträge

Auszug aus der Schlußakte der Zweiten Haager Friedenskonferenz. 13

oder Sachdarstellungen schriftlich vorzulegen, die sie zur Ermittlung der Wahrheit für nützlich halten.

Artikel 30. Die Beratung der Kommission erfolgt nicht öffentlich und bleibt geheim.

Jede Entscheidung ergeht nach der Mehrheit der Mitglieder der Kommission.

Die Weigerung eines Mitglieds, an der Abstimmung teilzunehmen, muß im Protokolle festgestellt werden.

Artikel 31. Die Sitzungen der Kommission sind nur öffentlich und die Protokolle und Urkunden der Untersuchung werden nur veröffentlicht auf Grund eines mit Zustimmung der Parteien gefaßten Kommissionsbeschlusses.

Artikel 32. Nachdem die Parteien alle Aufklärungen und Beweise vorgetragen haben und nachdem alle Zeugen vernommen worden sind, spricht der Vorsitzende den Schluß der Untersuchung aus; die Kommission vertagt sich, um ihren Bericht zu beraten und abzufassen.

Artikel 33. Der Bericht wird von allen Mitgliedern der Kommission unterzeichnet.

Verweigert ein Mitglied seine Unterschrift, so wird dies vermerkt; der Bericht bleibt gleichwohl gültig.

Artikel 34. Der Bericht der Kommission wird in öffentlicher Sitzung in Gegenwart oder nach gehöriger Ladung der Agenten und Rechtsbeistände der Parteien verlesen.

Jeder Partei wird eine Ausfertigung des Berichts zugestellt.

Artikel 35. Der Bericht der Kommission, der sich auf die Feststellung der Tatsachen beschränkt, hat in keiner Weise die Bedeutung eines Schiedsspruchs. Er läßt den Parteien volle Freiheit in Ansehung der Folge, die dieser Feststellung zu geben ist.

Artikel 36. Jede Partei trägt ihre eigenen Kosten selbst und die Kosten der Kommission zu gleichem Anteile.

Vierter Titel.
Internationale Schiedssprechung.
Erstes Kapitel.
Schiedswesen.

Artikel 37. Die internationale Schiedssprechung hat zum Gegenstande die Erledigung von Streitigkeiten zwischen den Staaten durch Richter ihrer Wahl auf Grund der Achtung vor dem Rechte.

Die Anrufung der Schiedssprechung schließt die Verpflichtung in sich, sich nach Treu und Glauben dem Schiedssprüche zu unterwerfen.

Artikel 38. In Rechtsfragen und in erster Linie in Fragen der Auslegung oder der Anwendung internationaler Vereinbarungen wird die Schiedssprechung von den Vertragsmächten als das wirksamste und zugleich der Billigkeit am meisten entsprechende Mittel anerkannt, um die Streitigkeiten zu erledigen, die nicht auf diplomatischem Wege haben beseitigt werden können.

Demzufolge wäre es wünschenswert, daß bei Streitigkeiten über die vorerwähnten Fragen die Vertragsmächte eintretendenfalls die Schiedssprechung anrufen, soweit es die Umstände gestatten.

Artikel 39. Schiedsabkommen werden für bereits entstandene oder für etwa entstehende Streitverhältnisse abgeschlossen.

Sie können sich auf alle Streitigkeiten oder nur auf Streitigkeiten einer bestimmten Art beziehen.

Artikel 40. Unabhängig von den allgemeinen und besonderen Verträgen, die schon jetzt den Vertragsmächten die Verpflichtung zur Anrufung der Schiedssprechung auferlegen, behalten diese Mächte sich vor, neue allgemeine oder besondere Übereinkommen abzuschließen, um die obligatorische Schiedssprechung auf alle Fälle auszudehnen, die ihr nach ihrer Ansicht unterworfen werden können.

Zweites Kapitel.
Ständiger Schiedshof.

Artikel 41. Um die unmittelbare Anrufung der Schiedssprechung für die internationalen Streitfragen zu erleichtern, die nicht auf diplomatischem Wege haben erledigt werden können, machen sich die Vertragsmächte anheischig, den Ständigen Schiedshof, der jederzeit zugänglich ist und, unbeschadet anderweitiger Abrede der Parteien, nach Maßgabe der in diesem Abkommen enthaltenen Bestimmungen über das Verfahren tätig wird, in der ihm von der Ersten Friedenskonferenz gegebenen Einrichtung zu erhalten.

Artikel 42. Der Ständige Schiedshof ist für alle Schiedsfälle zuständig, sofern nicht zwischen den Parteien über die Einsetzung eines besonderen Schiedsgerichts Einverständnis besteht.

Artikel 43. Der Ständige Schiedshof hat seinen Sitz im Haag.

Ein Internationales Bureau dient dem Schiedshofe für die Bureaugeschäfte. Es vermittelt die auf den Zusammentritt des Schiedshofs sich beziehenden Mitteilungen; es hat das Archiv unter seiner Obhut und besorgt alle Verwaltungsgeschäfte.

Die Vertragsmächte machen sich anheischig, dem Bureau möglichst bald beglaubigte Abschrift einer jeden zwischen ihnen getroffenen Schiedsabrede sowie eines jeden Schiedsspruchs mitzuteilen, der sie betrifft und durch besondere Schiedsgerichte erlassen ist.

Sie machen sich anheischig, dem Bureau ebenso die Gesetze, allgemeinen Anordnungen und Urkunden mitzuteilen, die gegebenenfalls die Vollziehung der von dem Schiedshof erlassenen Sprüche dartun.

Artikel 44. Jede Vertragsmacht benennt höchstens vier Personen von anerkannter Sachkunde in Fragen des Völkerrechts, die sich der höchsten sittlichen Achtung erfreuen und bereit sind, ein Schiedsrichteramt zu übernehmen.

Auszug aus der Schlußakte der Zweiten Haager Friedenskonferenz.

Die so benannten Personen sollen unter dem Titel von Mitgliedern des Schiedshofs in eine Liste eingetragen werden; diese soll allen Vertragsmächten durch das Bureau mitgeteilt werden.

Jede Änderung in der Liste der Schiedsrichter wird durch das Bureau zur Kenntnis der Vertragsmächte gebracht.

Zwei oder mehrere Mächte können sich über die gemeinschaftliche Benennung eines Mitglieds oder mehrerer Mitglieder verständigen.

Dieselbe Person kann von verschiedenen Mächten benannt werden.

Die Mitglieder des Schiedshofs werden für einen Zeitraum von sechs Jahren ernannt. Ihre Wiederernennung ist zulässig.

Im Falle des Todes oder des Ausscheidens eines Mitglieds des Schiedshofs erfolgt sein Ersatz in der für seine Ernennung vorgesehenen Weise und für einen neuen Zeitraum von sechs Jahren.

Artikel 45. Wollen die Vertragsmächte sich zur Erledigung einer unter ihnen entstandenen Streitfrage an den Schiedshof wenden, so muß die Auswahl der Schiedsrichter, welche berufen sind, das für die Entscheidung dieser Streitfrage zuständige Schiedsgericht zu bilden, aus der Gesamtliste der Mitglieder des Schiedshofs erfolgen.

In Ermanglung einer Bildung des Schiedsgerichts mittels Verständigung der Parteien wird in folgender Weise verfahren:

Jede Partei ernennt zwei Schiedsrichter, von denen nur einer ihr Staatsangehöriger sein oder unter den von ihr benannten Mitgliedern des Ständigen Schiedshofs ausgewählt werden darf. Diese Schiedsrichter wählen gemeinschaftlich einen Obmann.

Bei Stimmengleichheit wird die Wahl des Obmanns einer dritten Macht anvertraut, über deren Bezeichnung sich die Parteien einigen.

Kommt eine Einigung hierüber nicht zustande, so bezeichnet jede Partei eine andere Macht, und die Wahl des Obmanns erfolgt durch die so bezeichneten Mächte in Übereinstimmung.

Können sich diese beiden Mächte binnen zwei Monaten nicht einigen, so schlägt jede von ihnen zwei Personen vor, die aus der Liste der Mitglieder des Ständigen Schiedshofs, mit Ausnahme der von den Parteien benannten Mitglieder, genommen und nicht Staatsangehörige einer von ihnen sind. Das Los bestimmt, welche unter den so vorgeschlagenen Personen der Obmann sein soll.

Artikel 46. Sobald das Schiedsgericht gebildet ist, teilen die Parteien dem Bureau ihren Entschluß, sich an den Schiedshof zu wenden, den Wortlaut ihres Schiedsvertrags und die Namen der Schiedsrichter mit.

Das Bureau gibt unverzüglich jedem Schiedsrichter den Schiedsvertrag und die Namen der übrigen Mitglieder des Schiedsgerichts bekannt.

Das Schiedsgericht tritt an dem von den Parteien festgesetzten Tage zusammmen. Das Bureau sorgt für seine Unterbringung.

Die Mitglieder des Schiedsgerichts genießen während der Ausübung ihres Amtes und außerhalb ihres Heimatlandes die diplomatischen Vorrechte und Befreiungen.

Artikel 47. Das Bureau ist ermächtigt, sein Geschäftslokal und seine Geschäftseinrichtung den Vertragsmächten für die Tätigkeit eines jeden besonderen Schiedsgerichts zur Verfügung zu stellen.

Die Schiedsgerichtsbarkeit des Ständigen Schiedshofs kann unter den durch die allgemeinen Anordnungen festgesetzten Bedingungen auf Streitigkeiten zwischen anderen Mächten als Vertragsmächten oder zwischen Vertragsmächten und anderen Mächten erstreckt werden, wenn die Parteien übereingekommen sind, diese Schiedsgerichtsbarkeit anzurufen.

Artikel 48. Die Vertragsmächte betrachten es als Pflicht, in dem Falle, wo ein ernsthafter Streit zwischen zwei oder mehreren von ihnen auszubrechen droht, diese daran zu erinnern, daß ihnen der Ständige Schiedshof offen steht.

Sie erklären demzufolge, daß die Handlung, womit den im Streite befindlichen Teilen die Bestimmungen dieses Abkommens in Erinnerung gebracht werden, und der im höheren Interesse des Friedens erteilte Rat, sich an den Ständigen Schiedshof zu wenden, immer nur als Betätigung guter Dienste angesehen werden dürfen.

Im Falle eines Streites zwischen zwei Mächten kann stets eine jede von ihnen an das Internationale Bureau eine Note richten, worin sie erklärt, daß sie bereit sei, den Streitfall einer Schiedssprechung zu unterbreiten.

Das Bureau hat die Erklärung sogleich zur Kenntnis der andern Macht zu bringen.

Artikel 49. Der Ständige Verwaltungsrat, der aus den im Haag beglaubigten diplomatischen Vertretern der Vertragsmächte und dem Niederländischen Minister der auswärtigen Angelegenheiten als Vorsitzenden besteht, hat das Internationale Bureau unter seiner Leitung und Aufsicht.

Der Verwaltungsrat erläßt seine Geschäftsordnung sowie alle sonst notwendigen allgemeinen Anordnungen.

Er entscheidet alle Verwaltungsfragen, die sich etwa in Beziehung auf den Geschäftsbetrieb des Schiedshofs erheben.

Er hat volle Befugnis, die Beamten und Angestellten des Bureaus zu ernennen, ihres Dienstes vorläufig zu entheben oder zu entlassen.

Er setzt die Gehälter und Löhne fest und beaufsichtigt das Kassenwesen.

Die Anwesenheit von neun Mitgliedern in den ordnungsmäßig berufenen Versammlungen genügt zur gültigen Beratung des Verwaltungsrats. Die Beschlußfassung erfolgt nach Stimmenmehrheit.

Der Verwaltungsrat teilt die von ihm genehmigten allgemeinen Anordnungen unverzüglich den Vertragsmächten mit. Er legt ihnen jährlich einen Bericht vor über die Arbeiten des Schiedshofs, über den Betrieb der Verwaltungsgeschäfte und über die Ausgaben. Der Bericht enthält ferner eine Zusammenstellung des wesentlichen Inhalts der dem Bureau von den Mächten auf Grund des Artikel 43 Abs. 3, 4 mitgeteilten Urkunden.

Artikel 50. Die Kosten des Bureaus werden von den Vertragsmächten nach dem für das Internationale Bureau des Weltpostvereins festgestellten Verteilungsmaßstabe getragen.

Die Kosten, die den beitretenden Mächten zur Last fallen, werden von dem Tage an berechnet, wo ihr Beitritt wirksam wird.

Drittes Kapitel.
Schiedsverfahren.

Artikel 51. Um die Entwicklung der Schiedssprechung zu fördern, haben die Vertragsmächte folgende Bestimmungen festgestellt, die auf das Schiedsverfahren Anwendung finden sollen, soweit nicht die Parteien über andere Bestimmungen übereingekommen sind.

Artikel 52. Die Mächte, welche die Schiedssprechung anrufen, unterzeichnen einen Schiedsvertrag, worin der Streitgegenstand, die Frist für die Ernennung der Schiedsrichter, die Form, die Reihenfolge und die Fristen für die im Artikel 63 vorgesehenen Mitteilungen sowie die Höhe des von jeder Partei als Kostenvorschuß zu hinterlegenden Betrags bestimmt werden.

Der Schiedsvertrag bestimmt gegebenenfalls ferner die Art der Ernennung der Schiedsrichter, alle etwaigen besonderen Befugnisse des Schiedsgerichts, dessen Sitz, die Sprache, deren es sich bedienen wird, und die Sprachen, deren Gebrauch vor ihm gestattet sein soll, sowie überhaupt alle Punkte, worüber die Parteien sich geeinigt haben.

Artikel 53. Der Ständige Schiedshof ist für die Feststellung des Schiedsvertrags zuständig, wenn die Parteien darin einig sind, sie ihm zu überlassen.

Er ist ferner auf Antrag auch nur einer der Parteien zuständig, wenn zuvor eine Verständigung auf diplomatischem Wege vergeblich versucht worden ist und es sich handelt:

1. um einen Streitfall, der unter ein nach dem Inkrafttreten dieses Abkommens abgeschlossenes oder erneuertes allgemeines Schiedsabkommen fällt, sofern letzteres für jeden einzelnen Streitfall einen Schiedsvertrag vorsieht und dessen Feststellung der Zuständigkeit des Schiedshofs weder ausdrücklich noch stillschweigend entzieht. Doch ist, wenn die Gegenpartei erklärt, daß nach ihrer Auffassung der Streitfall nicht zu den der obligatorischen Schiedssprechung unterliegenden Streitfällen gehört, die Anrufung des Schiedshofs nicht zulässig, es sei denn, daß das Schiedsabkommen dem Schiedsgerichte die Befugnis zur Entscheidung dieser Vorfrage überträgt;

2. um einen Streitfall, der aus den bei einer Macht von einer anderen Macht für deren Angehörige eingeforderten Vertragsschulden herrührt und für dessen Beilegung das Anerbieten schiedsgerichtlicher Erledigung angenommen

worden ist. Diese Bestimmung findet keine Anwendung, wenn die Annahme unter der Bedingung erfolgt ist, daß der Schiedsvertrag auf einem anderen Wege festgestellt werden soll.

Artikel 54. In den Fällen des vorstehenden Artikels erfolgt die Feststellung des Schiedsvertrags durch eine Kommission von fünf Mitgliedern, welche auf die im Artikel 45 Abs. 3 bis 6 angegebene Weise bestimmt werden.

Das fünfte Mitglied ist von Rechts wegen Vorsitzender der Kommission.

Artikel 55. Das Schiedsrichteramt kann einem einzigen Schiedsrichter oder mehreren Schiedsrichtern übertragen werden, die von den Parteien nach ihrem Belieben ernannt oder von ihnen unter den Mitgliedern des durch dieses Abkommen festgesetzten Ständigen Schiedshofs gewählt werden.

In Ermanglung einer Bildung des Schiedsgerichts durch Verständigung der Parteien wird in der im Artikel 45 Abs. 3 bis 6 angegebenen Weise verfahren.

Artikel 56. Wird ein Souverän oder ein sonstiges Staatsoberhaupt zum Schiedsrichter gewählt, so wird das Schiedsverfahren von ihm geregelt.

Artikel 57. Der Obmann ist von Rechts wegen Vorsitzender des Schiedsgerichts.

Gehört dem Schiedsgerichte kein Obmann an, so ernennt es selbst seinen Vorsitzenden.

Artikel 58. Im Falle der Feststellung des Schiedsvertrags durch eine Kommission, so wie sie im Artikel 54 vorgesehen ist, soll, unbeschadet anderweitiger Abrede, die Kommission selbst das Schiedsgericht sein.

Artikel 59. Im Falle des Todes, des Rücktritts oder der aus irgend einem Grunde stattfindenden Verhinderung eines der Schiedsrichter erfolgt sein Ersatz in der für seine Ernennung vorgesehenen Weise.

Artikel 60. In Ermanglung einer Bestimmung durch die Parteien hat das Schiedsgericht seinen Sitz im Haag.

Das Schiedsgericht kann seinen Sitz auf dem Gebiet einer dritten Macht nur mit deren Zustimmung haben.

Der einmal bestimmte Sitz kann von dem Schiedsgerichte nur mit Zustimmung der Parteien verlegt werden.

Artikel 61. Hat der Schiedsvertrag die zu gebrauchenden Sprachen nicht bestimmt, so wird darüber durch das Schiedsgericht entschieden.

Artikel 62. Die Parteien haben das Recht, bei dem Schiedsgerichte besondere Agenten zu bestellen mit der Aufgabe, zwischen ihnen und dem Schiedsgericht als Mittelspersonen zu dienen.

Sie sind außerdem berechtigt, mit der Wahrnehmung ihrer Rechte und Interessen vor dem Schiedsgerichte Rechtsbeistände oder Anwälte zu betrauen, die zu diesem Zwecke von ihnen bestellt werden.

Die Mitglieder des Ständigen Schiedshofs dürfen als Agenten, Rechtsbeistände oder Anwälte nur zugunsten der Macht tätig sein, die sie zu Mitgliedern des Schiedshofs ernannt hat.

Artikel 63. Das Schiedsverfahren zerfällt regelmäßig in zwei gesonderte Abschnitte: das schriftliche Vorverfahren und die Verhandlung.

Das schriftliche Vorverfahren besteht in der von den betreffenden Agenten an die Mitglieder des Schiedsgerichts und an die Gegenpartei zu machenden Mitteilung der Schriftsätze, der Gegenschriftsätze und der etwa weiter erforderlichen Rückäußerungen; die Parteien fügen alle in der Sache in Bezug genommenen Aktenstücke und Urkunden bei. Diese Mitteilungen erfolgen unmittelbar oder durch Vermittlung des Internationalen Bureaus in der Reihenfolge und in den Fristen, wie solche durch den Schiedsvertrag bestimmt sind.

Die im Schiedsvertrage festgesetzten Fristen können verlängert werden durch Übereinkommen der Parteien oder durch das Schiedsgericht, wenn dieses es für notwendig erachtet, um zu einer gerechten Entscheidung zu gelangen.

Die Verhandlung besteht in dem mündlichen Vortrage der Rechtsbehelfe der Parteien vor dem Schiedsgerichte.

Artikel 64. Jedes von einer Partei vorgelegte Schriftstück muß der anderen Partei in beglaubigter Abschrift mitgeteilt werden.

Artikel 65. Abgesehen von besonderen Umständen tritt das Schiedsgericht erst nach dem Schlusse des Vorverfahrens zusammen.

Artikel 66. Die Verhandlung wird vom Vorsitzenden geleitet.

Sie erfolgt öffentlich nur, wenn ein Beschluß des Schiedsgerichts mit Zustimmung der Parteien dahin ergeht.

Über die Verhandlung wird ein Protokoll aufgenommen von Sekretären, die der Vorsitzende ernennt. Dieses Protokoll wird vom Vorsitzenden und einem der Sekretäre unterzeichnet; es hat allein öffentliche Beweiskraft.

Artikel 67. Nach dem Schlusse des Vorverfahrens ist das Schiedsgericht befugt, alle neuen Aktenstücke oder Urkunden von der Verhandlung auszuschließen, die ihm etwa eine Partei ohne Einwilligung der andern vorlegen will.

Artikel 68. Dem Schiedsgerichte steht es jedoch frei, neue Aktenstücke oder Urkunden, auf welche etwa die Agenten oder Rechtsbeistände der Parteien seine Aufmerksamkeit lenken, in Betracht zu ziehen.

In diesem Falle ist das Schiedsgericht befugt, die Vorlegung dieser Aktenstücke oder Urkunden zu verlangen, unbeschadet der Verpflichtung, der Gegenpartei davon Kenntnis zu geben.

Artikel 69. Das Schiedsgericht kann außerdem von den Agenten der Parteien die Vorlegung aller nötigen Aktenstücke verlangen und alle nötigen Aufklärungen erfordern. Im Falle der Verweigerung nimmt das Schiedsgericht von ihr Vermerk.

Artikel 70. Die Agenten und die Rechtsbeistände der Parteien sind befugt, beim Schiedsgerichte mündlich alle Rechtsbehelfe vorzubringen, die sie zur Verteidigung ihrer Sache für nützlich halten.

Artikel 71. Sie haben das Recht, Einreden sowie einen Zwischenstreit zu erheben. Die Entscheidungen des Schiedsgerichts über diese Punkte sind endgültig und können zu weiteren Erörterungen nicht Anlaß geben.

Artikel 72. Die Mitglieder des Schiedsgerichts sind befugt, an die Agenten und die Rechtsbeistände der Parteien Fragen zu richten und von ihnen Aufklärungen über zweifelhafte Punkte zu erfordern.

Weder die gestellten Fragen noch die von Mitgliedern des Schiedsgerichts im Laufe der Verhandlung gemachten Bemerkungen dürfen als Ausdruck der Meinung des ganzen Schiedsgerichts oder seiner einzelnen Mitglieder angesehen werden.

Artikel 73. Das Schiedsgericht ist befugt, seine Zuständigkeit zu bestimmen, indem es den Schiedsvertrag sowie die sonstigen Staatsverträge, die für den Gegenstand angeführt werden können, auslegt und die Grundsätze des Rechtes anwendet.

Artikel 74. Dem Schiedsgerichte steht es zu, auf das Verfahren sich beziehende Anordnungen zur Leitung der Streitsache zu erlassen, die Formen, die Reihenfolge und die Fristen zu bestimmen, in denen jede Partei ihre Schlußanträge zu stellen hat, und zu allen Förmlichkeiten zu schreiten, welche die Beweisaufnahme mit sich bringt.

Artikel 75. Die Parteien verpflichten sich, dem Schiedsgericht in dem weitesten Umfange, den sie für möglich halten, alle für die Entscheidung der Streitigkeit notwendigen Mittel zu gewähren.

Artikel 76. Das Schiedsgericht wird sich zur Bewirkung aller Zustellungen, die es im Gebiet einer dritten Vertragsmacht herbeizuführen hat, unmittelbar an die Regierung dieser Macht wenden. Das gleiche gilt, wenn es sich um die Herbeiführung irgendwelcher Beweisaufnahmen an Ort und Stelle handelt.

Die zu diesem Zwecke erlassenen Ersuche sind nach Maßgabe derjenigen Mittel zu erledigen, über welche die ersuchte Macht nach ihrer inneren Gesetzgebung verfügt. Sie können nur abgelehnt werden, wenn diese Macht sie für geeignet hält, ihre Hoheitsrechte oder ihre Sicherheit zu gefährden.

Auch steht dem Schiedsgerichte stets frei, die Vermittlung der Macht in Anspruch zu nehmen, in deren Gebiet es seinen Sitz hat.

Artikel 77. Nachdem die Agenten und die Rechtsbeistände der Parteien alle Aufklärungen und Beweise zugunsten ihrer Sache vorgetragen haben, spricht der Vorsitzende den Schluß der Verhandlung aus.

Artikel 78. Die Beratung des Schiedsgerichts erfolgt nicht öffentlich und bleibt geheim.

Jede Entscheidung ergeht nach der Mehrheit der Mitglieder des Schiedsgerichts.

Artikel 79. Der Schiedsspruch ist mit Gründen zu versehen. Er enthält die Namen der Schiedsrichter und wird von dem Vorsitzenden und dem Bureauvorstand oder dem dessen Tätigkeit wahrnehmenden Sekretär unterzeichnet.

Artikel 80. Der Schiedsspruch wird in öffentlicher Sitzung des Schiedsgerichts in Gegenwart oder nach gehöriger Ladung der Agenten und Rechtsbeistände der Parteien verlesen.

Artikel 81. Der gehörig verkündete und den Agenten der Parteien zugestellte Schiedsspruch entscheidet das Streitverhältnis endgültig und mit Ausschließung der Berufung.

Artikel 82. Alle Streitfragen, die etwa zwischen den Parteien wegen der Auslegung und der Ausführung des Schiedsspruchs entstehen, unterliegen, unbeschadet anderweitiger Abrede, der Beurteilung des Schiedsgerichts, das den Spruch erlassen hat.

Artikel 83. Die Parteien können sich im Schiedsvertrage vorbehalten, die Nachprüfung (Revision) des Schiedsspruchs zu beantragen.

Der Antrag muß in diesem Falle, unbeschadet anderweitiger Abrede, bei dem Schiedsgericht angebracht werden, das den Spruch erlassen hat. Er kann nur auf die Ermittlung einer neuen Tatsache gegründet werden, die einen entscheidenden Einfluß auf den Spruch auszuüben geeignet gewesen wäre und bei Schluß der Verhandlung dem Schiedsgerichte selbst und der Partei, welche die Nachprüfung beantragt hat, unbekannt war.

Das Nachprüfungsverfahren kann nur eröffnet werden durch einen Beschluß des Schiedsgerichts, der das Vorhandensein der neuen Tatsache ausdrücklich feststellt, ihr die im vorstehenden Absatze bezeichneten Merkmale zuerkennt und den Antrag insoweit für zulässig erklärt.

Der Schiedsvertrag bestimmt die Frist, innerhalb deren der Nachprüfungsantrag gestellt werden muß.

Artikel 84. Der Schiedsspruch bindet nur die streitenden Parteien.

Wenn es sich um die Auslegung eines Abkommens handelt, an dem sich noch andere Mächte beteiligt haben, als die streitenden Teile, so benachrichtigen diese rechtzeitig alle Signatarmächte. Jede dieser Mächte hat das Recht, sich an der Streitsache zu beteiligen. Wenn eine oder mehrere von ihnen von dieser Berechtigung Gebrauch gemacht haben, so ist die in dem Schiedsspruch enthaltene Auslegung auch in Ansehung ihrer bindend.

Artikel 85. Jede Partei trägt ihre eigenen Kosten selbst und die Kosten des Schiedsgerichts zu gleichem Anteile.

Viertes Kapitel.
Abgekürztes Schiedsverfahren.

Artikel 86. Um die Betätigung des Schiedswesens bei Streitigkeiten zu erleichtern, die ihrer Natur nach ein abgekürztes Verfahren gestatten, stellen die Vertragsmächte die nachstehenden Regeln auf, die befolgt werden sollen, soweit nicht abweichende Abmachungen bestehen, und unter dem Vorbehalte, daß geeignetenfalls die nicht widersprechenden Bestimmungen des dritten Kapitels zur Anwendung kommen.

Artikel 87. Jede der streitenden Parteien ernennt einen Schiedsrichter. Die beiden so bestellten Schiedsrichter wählen einen Obmann. Wenn sie sich hierüber nicht einigen, so schlägt jeder zwei Personen vor, die aus der allgemeinen Liste der Mitglieder des Ständigen Schiedshofs, mit Ausnahme der von den Parteien selbst benannten Mitglieder, genommen und nicht Staatsangehörige einer von ihnen sind; das Los bestimmt, welche unter den so vorgeschlagenen Personen der Obmann sein soll.

Der Obmann sitzt dem Schiedsgerichte vor, das seine Entscheidungen nach Stimmenmehrheit fällt.

Artikel 88. In Ermanglung einer vorherigen Vereinbarung bestimmt das Schiedsgericht, sobald es gebildet ist, die Frist, binnen deren ihm die beiden Parteien ihre Schriftsätze einreichen müssen.

Artikel 89. Jede Partei wird vor dem Schiedsgerichte durch einen Agenten vertreten; dieser dient als Mittelsperson zwischen dem Schiedsgericht und der Regierung, die ihn bestellt hat.

Artikel 90. Das Verfahren ist ausschließlich schriftlich. Doch hat jede Partei das Recht, das Erscheinen von Zeugen und Sachverständigen zu verlangen. Das Schiedsgericht ist seinerseits befugt, von den Agenten der beiden Parteien sowie von den Sachverständigen und Zeugen, deren Erscheinen es für nützlich hält, mündliche Aufklärungen zu verlangen.

Fünfter Titel.
Schlußbestimmungen.

Artikel 91. Dieses Abkommen tritt nach seiner Ratifikation für die Beziehungen zwischen den Vertragsmächten an die Stelle des Abkommens zur friedlichen Erledigung internationaler Streitfälle vom 29. Juli 1899.

Artikel 92. Dieses Abkommen soll möglichst bald ratifiziert werden.

Die Ratifikationsurkunden sollen im Haag hinterlegt werden.

Die erste Hinterlegung von Ratifikationsurkunden wird durch ein Protokoll festgestellt, das von den Vertretern der daran teilnehmenden Mächte und von dem Niederländischen Minister der auswärtigen Angelegenheiten unterzeichnet wird.

Die späteren Hinterlegungen von Ratifikationsurkunden erfolgen mittels einer schriftlichen, an die Regierung der Niederlande gerichteten Anzeige, der die Ratifikationsurkunde beizufügen ist.

Beglaubigte Abschrift des Protokolls über die erste Hinterlegung von Ratifikationsurkunden, der im vorstehenden Absatz erwähnten Anzeigen sowie der Ratifikationsurkunden wird durch die Regierung der Niederlande den zur Zweiten Friedenskonferenz eingeladenen Mächten sowie den andern Mächten, die dem Abkommen beigetreten sind, auf diplomatischem Wege mitgeteilt werden. In den Fällen des vorstehenden Absatzes wird die bezeichnete Regierung ihnen zugleich bekanntgeben, an welchem Tage sie die Anzeige erhalten hat.

Artikel 93. Die Mächte, die zur Zweiten Friedenskonferenz eingeladen worden sind, dieses Abkommen aber nicht gezeichnet haben, können ihm später beitreten.

Die Macht, die beizutreten wünscht, hat ihre Absicht der Regierung der Niederlande schriftlich anzuzeigen und ihr dabei die Beitrittsurkunde zu übersenden, die im Archive der bezeichneten Regierung hinterlegt werden wird.

Diese Regierung wird unverzüglich allen anderen zur Zweiten Friedenskonferenz eingeladenen Mächten beglaubigte Abschrift der Anzeige wie der Beitrittsurkunde übersenden und zugleich angeben, an welchem Tage sie die Anzeige erhalten hat.

Artikel 94. Die Bedingungen, unter denen die zur Zweiten Friedenskonferenz nicht eingeladenen Mächte diesem Abkommen beitreten können, sollen den Gegenstand einer späteren Verständigung zwischen den Vertragsmächten bilden.

Artikel 95. Dieses Abkommen wird wirksam für die Mächte, die an der ersten Hinterlegung von Ratifikationsurkunden teilgenommen haben, sechzig Tage nach dem Tage, an dem das Protokoll über diese Hinterlegung aufgenommen ist, und für die später ratifizierenden oder beitretenden Mächte sechzig Tage, nachdem die Regierung der Niederlande die Anzeige von ihrer Ratifikation oder von ihrem Beitritt erhalten hat.

Artikel 96. Sollte eine der Vertragsmächte dieses Abkommen kündigen wollen, so soll die Kündigung schriftlich der Regierung der Niederlande erklärt werden, die unverzüglich beglaubigte Abschrift der Erklärung allen anderen Mächten mitteilt und ihnen zugleich bekanntgibt, an welchem Tage sie die Erklärung erhalten hat.

Die Kündigung soll nur in Ansehung der Macht wirksam sein, die sie erklärt hat, und erst ein Jahr, nachdem die Erklärung bei der Regierung der Niederlande eingegangen ist.

Artikel 97. Ein im Niederländischen Ministerium der auswärtigen Angelegenheiten geführtes Register soll den Tag der gemäß Artikel 92 Abs. 3, 4 erfolgten Hinterlegung von Ratifikationsurkunden angeben sowie den Tag, an dem die Anzeigen von dem Beitritt (Artikel 93 Abs. 2) oder von der Kündigung (Artikel 96 Abs. 1) eingegangen sind.

Jede Vertragsmacht hat das Recht, von diesem Register Kenntnis zu nehmen und beglaubigte Auszüge daraus zu verlangen.

II. Abkommen, betreffend die Beschränkung der Anwendung von Gewalt bei der Eintreibung von Vertragsschulden.

Artikel 1. Die Vertragsmächte sind übereingekommen, bei der Eintreibung von Vertragsschulden, die bei der Regierung eines Landes von der Regierung eines anderen Landes für deren Angehörige eingefordert werden, nicht zur Waffengewalt zu schreiten.

Diese Bestimmung findet jedoch keine Anwendung, wenn der Schuldnerstaat ein Anerbieten schiedsgerichtlicher Erledigung ablehnt oder unbeantwortet läßt oder im Falle der Annahme den Abschluß des Schiedsvertrags vereitelt oder nach dem Schiedsverfahren dem Schiedsspruche nicht nachkommt.

Artikel 2. Man ist ferner übereingekommen, daß die im Abs. 2 des vorstehenden Artikels erwähnte Schiedssprechung dem im Titel IV Kapitel 3 des Haager Abkommens zur friedlichen Erledigung internationaler Streitfälle vorgesehenen Verfahren unterworfen sein soll. In Ermanglung besonderer Abreden der Parteien entscheidet der Schiedsspruch über den Grund des Anspruchs, über die Höhe der Schuld sowie über die Zeit und die Art der Zahlung.

Artikel 3.*) Dieses Abkommen soll möglichst bald ratifiziert werden. Die Ratifikationsurkunden sollen im Haag hinterlegt werden.

Die erste Hinterlegung von Ratifikationsurkunden wird durch ein Protokoll festgestellt, das von den Vertretern der daran teilnehmenden Mächte und von dem Niederländischen Minister der auswärtigen Angelegenheiten unterzeichnet wird.

Die späteren Hinterlegungen von Ratifikationsurkunden erfolgen mittels einer schriftlichen, an die Regierung der Niederlande gerichteten Anzeige, der die Ratifikationsurkunde beizufügen ist.

Beglaubigte Abschrift des Protokolls über die erste Hinterlegung von Ratifikationsurkunden, der im vorstehenden Absatz erwähnten Anzeigen sowie der Ratifikationsurkunden wird durch die Regierung der Niederlande den zur Zweiten Friedenskonferenz eingeladenen Mächten sowie den anderen Mächten, die dem Abkommen beigetreten sind, auf diplomatischem Wege mitgeteilt werden. In den Fällen des vorstehenden Absatzes wird die bezeichnete Regierung ihnen zugleich bekanntgeben, an welchem Tage sie die Anzeige erhalten hat.

Artikel 4.*) Die Mächte, die nicht unterzeichnet haben, können diesem Abkommen später beitreten.

Die Macht, die beizutreten wünscht, hat ihre Absicht der Regierung der Niederlande schriftlich anzuzeigen und ihr dabei die Beitrittsurkunde zu übersenden, die im Archive der bezeichneten Regierung hinterlegt werden wird.

Diese Regierung wird unverzüglich allen anderen zur Zweiten Friedenskonferenz eingeladenen Mächten beglaubigte Abschrift der Anzeige wie der Beitrittsurkunde übersenden und zugleich angeben, an welchem Tage sie die Anzeige erhalten hat.

Artikel 5.*) Dieses Abkommen wird wirksam für die Mächte, die an der ersten Hinterlegung von Ratifikationsurkunden teilgenommen haben, sechzig Tage nach dem Tage, an dem das Protokoll über diese Hinterlegung aufgenommen ist,

---

*) Die in jeder Konvention enthaltenen Artikel über Ratifikation, Beitritt von Nichtsignatarmächten, Kündigung und Register sind im vorstehenden Abkommen wiedergegeben, in den übrigen, soweit sie gleichlautend, fortgelassen. Statt dessen sind dann nur die Nummern der betr. Artikel angegeben.

und für die später ratifizierenden oder beitretenden Mächte sechzig Tage, nachdem die Regierung der Niederlande die Anzeige von ihrer Ratifikation oder von ihrem Beitritt erhalten hat.

Artikel 6.*) Sollte eine der Vertragsmächte dieses Abkommen kündigen wollen, so soll die Kündigung schriftlich der Regierung der Niederlande erklärt werden, die unverzüglich beglaubigte Abschrift der Erklärung allen anderen Mächten mitteilt und ihnen zugleich bekanntgibt, an welchem Tage sie die Erklärung erhalten hat.

Die Kündigung soll nur in Ansehung der Macht wirksam sein, die sie erklärt hat, und erst ein Jahr, nachdem die Erklärung bei der Regierung der Niederlande eingegangen ist.

Artikel 7.*) Ein im Niederländischen Ministerium der auswärtigen Angelegenheiten geführtes Register soll den Tag der gemäß Artikel 3 Abs. 3, 4 erfolgten Hinterlegung von Ratifikationsurkunden angeben sowie den Tag, an dem die Anzeigen von dem Beitritt (Artikel 4 Abs. 2) oder von der Kündigung (Artikel 6 Abs. 1) eingegangen sind.

Jede Vertragsmacht hat das Recht, von diesem Register Kenntnis zu nehmen und beglaubigte Auszüge daraus zu verlangen.

III. Abkommen über den Beginn der Feindseligkeiten.

Artikel 1. Die Vertragsmächte erkennen an, daß die Feindseligkeiten unter ihnen nicht beginnen dürfen ohne eine vorausgehende unzweideutige Benachrichtigung, die entweder die Form einer mit Gründen versehenen Kriegserklärung oder die eines Ultimatums mit bedingter Kriegserklärung haben muß.

Artikel 2. Der Kriegszustand ist den neutralen Mächten unverzüglich anzuzeigen und wird für sie erst nach Eingang einer Anzeige wirksam, die auch auf telegraphischem Wege erfolgen kann. Jedoch können sich die neutralen Mächte auf das Ausbleiben der Anzeige nicht berufen, wenn unzweifelhaft feststeht, daß sie den Kriegszustand tatsächlich gekannt haben.

Artikel 3. Der Artikel 1 dieses Abkommens wird wirksam im Falle eines Krieges zwischen zwei oder mehreren Vertragsmächten.

Der Artikel 2 ist verbindlich in den Beziehungen einer kriegführenden Vertragsmacht und den neutralen Mächten, die gleichfalls Vertragsmächte sind.

Artikel 4 bis 8.

IV. Abkommen, betreffend die Gesetze und Gebräuche des Landkriegs.

Artikel 1. Die Vertragsmächte werden ihren Landheeren Verhaltungsmaßregeln geben, welche der dem vorliegenden Abkommen beigefügten Ordnung der Gesetze und Gebräuche des Landkriegs entsprechen.

---

*) Vgl. die Fußnote auf S. 24.

Artikel 2. Die Bestimmungen der im Artikel 1 angeführten Ordnung sowie des vorliegenden Abkommens finden nur zwischen den Vertragsmächten Anwendung und nur dann, wenn die Kriegführenden sämtlich Vertragsparteien sind.

Artikel 3. Die Kriegspartei, welche die Bestimmungen der bezeichneten Ordnung verletzen sollte, ist gegebenenfalls zum Schadensersatze verpflichtet. Sie ist für alle Handlungen verantwortlich, die von den zu ihrer bewaffneten Macht gehörenden Personen begangen werden.

Artikel 4. Dieses Abkommen tritt nach seiner Ratifikation für die Beziehungen zwischen den Vertragsmächten an die Stelle des Abkommens vom 29. Juli 1899, betreffend die Gesetze und Gebräuche des Landkriegs.

Das Abkommen von 1899 bleibt in Kraft für die Beziehungen zwischen den Mächten, die es unterzeichnet haben, die aber das vorliegende Abkommen nicht gleichermaßen ratifizieren sollten.

Artikel 5 bis 9.

Anlage zum Abkommen.

Ordnung der Gesetze und Gebräuche des Landkriegs.

Erster Abschnitt.
Kriegführende.

Erstes Kapitel.
Begriff des Kriegführenden.

Artikel 1. Die Gesetze, die Rechte und die Pflichten des Krieges gelten nicht nur für das Heer, sondern auch für die Milizen und Freiwilligen-Korps, wenn sie folgende Bedingungen in sich vereinigen:
1. daß jemand an ihrer Spitze steht, der für seine Untergebenen verantwortlich ist,
2. daß sie ein bestimmtes aus der Ferne erkennbares Abzeichen tragen,
3. daß sie die Waffen offen führen und
4. daß sie bei ihren Unternehmungen die Gesetze und Gebräuche des Krieges beobachten.

In den Ländern, in denen Milizen oder Freiwilligen-Korps das Heer oder einen Bestandteil des Heeres bilden, sind diese unter der Bezeichnung „Heer" einbegriffen.

Artikel 2. Die Bevölkerung eines nicht besetzten Gebiets, die beim Herannahen des Feindes aus eigenem Antriebe zu den Waffen greift, um die eindringenden Truppen zu bekämpfen, ohne Zeit gehabt zu haben, sich nach Artikel 1 zu organisieren, wird als kriegführend betrachtet, wenn sie die Waffen offen führt und die Gesetze und Gebräuche des Kriegs beobachtet.

Artikel 3. Die bewaffnete Macht der Kriegsparteien kann sich zusammensetzen aus Kombattanten und Nichtkombattanten. Im Falle der Gefangennahme durch den Feind haben die einen wie die anderen Anspruch auf Behandlung als Kriegsgefangene.

Zweites Kapitel.
Kriegsgefangene.

Artikel 4. Die Kriegsgefangenen unterstehen der Gewalt der feindlichen Regierung, aber nicht der Gewalt der Personen oder der Abteilungen, die sie gefangen genommen haben.

Sie sollen mit Menschlichkeit behandelt werden.

Alles, was ihnen persönlich gehört, verbleibt ihr Eigentum mit Ausnahme von Waffen, Pferden und Schriftstücken militärischen Inhalts.

Artikel 5. Die Kriegsgefangenen können in Städten, Festungen, Lagern oder an anderen Orten untergebracht werden mit der Verpflichtung, sich nicht über eine bestimmte Grenze hinaus zu entfernen; dagegen ist ihre Einschließung nur statthaft als unerläßliche Sicherungsmaßregel und nur während der Dauer der diese Maßregel notwendig machenden Umstände.

Artikel 6. Der Staat ist befugt, die Kriegsgefangenen mit Ausnahme der Offiziere nach ihrem Dienstgrad und nach ihren Fähigkeiten als Arbeiter zu verwenden. Diese Arbeiten dürfen nicht übermäßig sein und in keiner Beziehung zu den Kriegsunternehmungen stehen.

Den Kriegsgefangenen kann gestattet werden, Arbeiten für öffentliche Verwaltungen oder für Privatpersonen oder für ihre eigene Rechnung auszuführen.

Arbeiten für den Staat werden nach den Sätzen bezahlt, die für Militärpersonen des eigenen Heeres bei Ausführung der gleichen Arbeiten gelten, oder, falls solche Sätze nicht bestehen, nach einem Satze, wie er den geleisteten Arbeiten entspricht.

Werden die Arbeiten für Rechnung anderer öffentlicher Verwaltungen oder für Privatpersonen ausgeführt, so werden die Bedingungen im Einverständnisse mit der Militärbehörde festgestellt.

Der Verdienst der Kriegsgefangenen soll zur Besserung ihrer Lage verwendet und der Überschuß nach Abzug der Unterhaltungskosten ihnen bei der Freilassung ausgezahlt werden.

Artikel 7. Die Regierung, in deren Gewalt sich die Kriegsgefangenen befinden, hat für ihren Unterhalt zu sorgen.

In Ermanglung einer besonderen Verständigung zwischen den Kriegführenden sind die Kriegsgefangenen in Beziehung auf Nahrung, Unterkunft und Kleidung auf demselben Fuße zu behandeln wie die Truppen der Regierung, die sie gefangen genommen hat.

Artikel 8. Die Kriegsgefangenen unterstehen den Gesetzen, Vorschriften und Befehlen, die in dem Heere des Staates gelten, in dessen Gewalt sie sich befinden. Jede Unbotmäßigkeit kann mit der erforderlichen Strenge geahndet werden.

Entwichene Kriegsgefangene, die wieder ergriffen werden, bevor es ihnen gelungen ist, ihr Heer zu erreichen, oder bevor sie das Gebiet verlassen haben, das von den Truppen, welche sie gefangen genommen hatten, besetzt ist, unterliegen disziplinarischer Bestrafung.

Kriegsgefangene, die nach gelungener Flucht von neuem gefangen genommen werden, können für die frühere Flucht nicht bestraft werden.

Artikel 9. Jeder Kriegsgefangene ist verpflichtet, auf Befragen seinen wahren Namen und Dienstgrad anzugeben; handelt er gegen diese Vorschrift, so können ihm die Vergünstigungen, die den Kriegsgefangenen seiner Klasse zustehen, entzogen werden.

Artikel 10. Kriegsgefangene können gegen Ehrenwort freigelassen werden, wenn die Gesetze ihres Landes sie dazu ermächtigen; sie sind alsdann bei ihrer persönlichen Ehre verbunden, die übernommenen Verpflichtungen sowohl ihrer eigenen Regierung als auch dem Staate gegenüber, der sie zu Kriegsgefangenen gemacht hat, gewissenhaft zu erfüllen.

Ihre Regierung ist in solchem Falle verpflichtet, keinerlei Dienste zu verlangen oder anzunehmen, die dem gegebenen Ehrenworte widersprechen.

Artikel 11. Ein Kriegsgefangener kann nicht gezwungen werden, seine Freilassung gegen Ehrenwort anzunehmen; ebensowenig ist die feindliche Regierung verpflichtet, dem Antrag eines Kriegsgefangenen auf Entlassung gegen Ehrenwort zu entsprechen.

Artikel 12. Jeder gegen Ehrenwort entlassene Kriegsgefangene, der gegen den Staat, dem gegenüber er die Ehrenverpflichtung eingegangen ist, oder gegen dessen Verbündete die Waffen trägt und wieder ergriffen wird, verliert das Recht der Behandlung als Kriegsgefangener und kann vor Gericht gestellt werden.

Artikel 13. Personen, die einem Heere folgen, ohne ihm unmittelbar anzugehören, wie Kriegskorrespondenten, Zeitungsberichterstatter, Marketender und Lieferanten, haben, wenn sie in die Hand des Feindes geraten und diesem ihre Festhaltung zweckmäßig erscheint, das Recht auf Behandlung als Kriegsgefangene, vorausgesetzt, daß sie sich im Besitz eines Ausweises der Militärbehörde des Heeres befinden, das sie begleiteten.

Artikel 14. Beim Ausbruche der Feindseligkeiten wird in jedem der kriegführenden Staaten und eintretendenfalls in den neutralen Staaten, die Angehörige eines der Kriegführenden in ihr Gebiet aufgenommen haben, eine Auskunftstelle über die Kriegsgefangenen errichtet. Diese ist berufen, alle die Kriegsgefangenen betreffenden Anfragen zu beantworten, und erhält von den zuständigen Dienststellen alle Angaben über die Unterbringung und deren Wechsel, über Freilassungen gegen Ehrenwort, über Austausch, über Entweichungen, über Aufnahme in die Hospitäler und über Sterbefälle sowie sonstige Auskünfte, die nötig sind, um über jeden Kriegsgefangenen ein Personalblatt anzulegen und auf dem laufenden zu erhalten. Die Auskunftstelle verzeichnet auf diesem Personalblatte die Matrikelnummer, den Vor- und Zunamen, das Alter, den Heimatsort, den Dienstgrad, den Truppenteil, die Verwundungen, den Tag und Ort der Gefangennahme, der Unterbringung, der Verwundungen und des Todes sowie alle besonderen Bemerkungen. Das Personalblatt wird nach dem Friedensschlusse der Regierung des anderen Kriegführenden übermittelt.

Die Auskunftstelle sammelt ferner alle zum persönlichen Gebrauche dienenden Gegenstände, Wertsachen, Briefe usw., die auf den Schlachtfeldern gefunden oder von den gegen Ehrenwort entlassenen, ausgetauschten, entwichenen oder in Hospitälern oder Feldlazaretten gestorbenen Kriegsgefangenen hinterlassen werden, und stellt sie den Berechtigten zu.

Artikel 15. Die Hilfsgesellschaften für Kriegsgefangene, die ordnungsmäßig nach den Gesetzen ihres Landes gebildet worden sind und den Zweck verfolgen, die Vermittler der mildtätigen Nächstenliebe zu sein, erhalten von den Kriegführenden für sich und ihre ordnungsmäßig beglaubigten Agenten jede Erleichterung innerhalb der durch die militärischen Erfordernisse und die Verwaltungsvorschriften gezogenen Grenzen, um ihre menschenfreundlichen Bestrebungen wirksam ausführen zu können. Den Delegierten dieser Gesellschaften kann auf Grund einer ihnen persönlich von der Militärbehörde erteilten Erlaubnis und gegen die schriftliche Verpflichtung, sich allen von dieser etwa erlassenen Ordnungs- und Polizeivorschriften zu fügen, gestattet werden, Beihilfen an den Unterbringungsstellen sowie an den Rastorten der in die Heimat zurückkehrenden Gefangenen zu verteilen.

Artikel 16. Die Auskunftsstellen genießen Portofreiheit. Briefe, Postanweisungen, Geldsendungen und Postpakete, die für die Kriegsgefangenen bestimmt sind oder von ihnen abgesandt werden, sind sowohl im Lande der Aufgabe, als auch im Bestimmungsland und in den Zwischenländern von allen Postgebühren befreit.

Die als Liebesgaben und Beihilfen für Kriegsgefangene bestimmten Gegenstände sind von allen Eingangszöllen und anderen Gebühren sowie von den Frachtkosten auf Staatseisenbahnen befreit.

Artikel 17. Die gefangenen Offiziere erhalten dieselbe Besoldung, wie sie den Offizieren gleichen Dienstgrades in dem Lande zusteht, wo sie gefangen gehalten werden; ihre Regierung ist zur Erstattung verpflichtet.

Artikel 18. Den Kriegsgefangenen wird in der Ausübung ihrer Religion mit Einschluß der Teilnahme am Gottesdienste volle Freiheit gelassen unter der einzigen Bedingung, daß sie sich den Ordnungs- und Polizeivorschriften der Militärbehörde fügen.

Artikel 19. Die Testamente der Kriegsgefangenen werden unter denselben Bedingungen entgegengenommen oder errichtet wie die der Militärpersonen des eigenen Heeres.

Das gleiche gilt für die Sterbeurkunden sowie für die Beerdigung von Kriegsgefangenen, wobei deren Dienstgrad und Rang zu berücksichtigen ist.

Artikel 20. Nach dem Friedensschlusse sollen die Kriegsgefangenen binnen kürzester Frist in ihre Heimat entlassen werden.

Drittes Kapitel.
Kranke und Verwundete.

Artikel 21. Die Pflichten der Kriegführenden in Ansehung der Behandlung von Kranken und Verwundeten bestimmen sich nach dem Genfer Abkommen.

Zweiter Abschnitt.
Feindseligkeiten.

Erstes Kapitel.
Mittel zur Schädigung des Feindes, Belagerungen und Beschießungen.

Artikel 22. Die Kriegführenden haben kein unbeschränktes Recht in der Wahl der Mittel zur Schädigung des Feindes.

Artikel 23. Abgesehen von den durch Sonderverträge aufgestellten Verboten, ist namentlich untersagt:

a) die Verwendung von Gift oder vergifteten Waffen,

b) die meuchlerische Tötung oder Verwundung von Angehörigen des feindlichen Volkes oder Heeres,

c) die Tötung oder Verwundung eines die Waffen streckenden oder wehrlosen Feindes, der sich auf Gnade oder Ungnade ergeben hat,

d) die Erklärung, daß kein Pardon gegeben wird,

e) der Gebrauch von Waffen, Geschossen oder Stoffen, die geeignet sind, unnötig Leiden zu verursachen,

f) der Mißbrauch der Parlamentärflagge, der Nationalflagge oder der militärischen Abzeichen oder der Uniform des Feindes sowie der besonderen Abzeichen des Genfer Abkommens,

g) die Zerstörung oder Wegnahme feindlichen Eigentums außer in den Fällen, wo diese Zerstörung oder Wegnahme durch die Erfordernisse des Krieges dringend erheischt wird,

h) die Aufhebung oder zeitweilige Außerkraftsetzung der Rechte und Forderungen von Angehörigen der Gegenpartei oder die Ausschließung ihrer Klagbarkeit.

Den Kriegführenden ist ebenfalls untersagt, Angehörige der Gegenpartei zur Teilnahme an den Kriegsunternehmungen gegen ihr Land zu zwingen; dies gilt auch für den Fall, daß sie vor Ausbruch des Krieges angeworben waren.

Artikel 24. Kriegslisten und die Anwendung der notwendigen Mittel, um sich Nachrichten über den Gegner und das Gelände zu verschaffen, sind erlaubt.

Artikel 25. Es ist untersagt, unverteidigte Städte, Dörfer, Wohnstätten oder Gebäude, mit welchen Mitteln es auch sei, anzugreifen oder zu beschießen.

Artikel 26. Der Befehlshaber einer angreifenden Truppe soll vor Beginn der Beschießung, den Fall eines Sturmangriffs ausgenommen, alles was an ihm liegt, tun, um die Behörden davon zu benachrichtigen.

Artikel 27. Bei Belagerungen und Beschießungen sollen alle erforderlichen Vorkehrungen getroffen werden, um die dem Gottesdienste, der Kunst, der Wissenschaft und der Wohltätigkeit gewidmeten Gebäude, die geschichtlichen Denkmäler, die Hospitäler und Sammelplätze für Kranke und Verwundete soviel wie möglich zu schonen, vorausgesetzt, daß sie nicht gleichzeitig zu einem militärischen Zwecke Verwendung finden.

Pflicht der Belagerten ist es, diese Gebäude oder Sammelplätze mit deutlichen besonderen Zeichen zu versehen und diese dem Belagerer vorher bekanntzugeben.

Artikel 28. Es ist untersagt, Städte oder Ansiedelungen, selbst wenn sie im Sturme genommen sind, der Plünderung preiszugeben.

Zweites Kapitel.
Spione.

Artikel 29. Als Spion gilt nur, wer heimlich oder unter falschem Vorwand in dem Operationsgebiet eines Kriegführenden Nachrichten einzieht oder einzuziehen sucht in der Absicht, sie der Gegenpartei mitzuteilen.

Demgemäß sind Militärpersonen in Uniform, die in das Operationsgebiet des feindlichen Heeres eingedrungen sind, um sich Nachrichten zu verschaffen, nicht als Spione zu betrachten. Desgleichen gelten nicht als Spione: Militärpersonen und Nichtmilitärpersonen, die den ihnen erteilten Auftrag, Mitteilungen an ihr eigenes oder an das feindliche Heer zu überbringen, offen ausführen. Dahin gehören ebenfalls Personen, die in Luftschiffen befördert werden, um Mitteilungen zu überbringen oder um überhaupt Verbindungen zwischen den verschiedenen Teilen eines Heeres oder eines Gebiets aufrechtzuerhalten.

Artikel 30. Der auf der Tat ertappte Spion kann nicht ohne vorausgegangenes Urteil bestraft werden.

Artikel 31. Ein Spion, welcher zu dem Heere, dem er angehört, zurückgekehrt ist und später vom Feinde gefangen genommen wird, ist als Kriegsgefangener zu behandeln und kann für früher begangene Spionage nicht verantwortlich gemacht werden.

Drittes Kapitel.
Parlamentäre.

Artikel 32. Als Parlamentär gilt, wer von einem der Kriegführenden bevollmächtigt ist, mit dem anderen in Unterhandlungen zu treten, und sich mit der weißen Fahne zeigt. Er hat Anspruch auf Unverletzlichkeit, ebenso der ihn begleitende Trompeter, Hornist oder Trommler, Fahnenträger und Dolmetscher.

Artikel 33. Der Befehlshaber, zu dem ein Parlamentär gesandt wird, ist nicht verpflichtet, ihn unter allen Umständen zu empfangen.

Er kann alle erforderlichen Maßregeln ergreifen, um den Parlamentär zu verhindern, seine Sendung zur Einziehung von Nachrichten zu benutzen.

Er ist berechtigt, bei vorkommendem Mißbrauche den Parlamentär zeitweilig zurückzuhalten.

Artikel 34. Der Parlamentär verliert seinen Anspruch auf Unverletzlichkeit, wenn der bestimmte, unwiderlegbare Beweis vorliegt, daß er seine bevorrechtigte Stellung dazu benutzt hat, um Verrat zu üben oder dazu anzustiften.

Viertes Kapitel.
Kapitulationen.

Artikel 35. Die zwischen den abschließenden Parteien vereinbarten Kapitulationen sollen den Forderungen der militärischen Ehre Rechnung tragen.

Einmal abgeschlossen, sollen sie von beiden Parteien gewissenhaft beobachtet werden.

Fünftes Kapitel.
Waffenstillstand.

Artikel 36. Der Waffenstillstand unterbricht die Kriegsunternehmungen kraft eines wechselseitigen Übereinkommens der Kriegsparteien. Ist eine bestimmte Dauer nicht vereinbart worden, so können die Kriegsparteien jederzeit die Feindseligkeiten wieder aufnehmen, doch nur unter der Voraussetzung, daß der Feind, gemäß den Bedingungen des Waffenstillstandes, rechtzeitig benachrichtigt wird.

Artikel 37. Der Waffenstillstand kann ein allgemeiner oder ein örtlich begrenzter sein. Der erstere unterbricht die Kriegsunternehmungen der kriegführenden Staaten allenthalben, der letztere nur für bestimmte Teile der kriegführenden Heere und innerhalb eines bestimmten Bereichs.

Artikel 38. Der Waffenstillstand muß in aller Form und rechtzeitig den zuständigen Behörden und den Truppen bekanntgemacht werden. Die Feindseligkeiten sind sofort nach der Bekanntmachung oder zu dem festgesetzten Zeitpunkt einzustellen.

Artikel 39. Es ist Sache der abschließenden Parteien, in den Bedingungen des Waffenstillstandes festzusetzen, welche Beziehungen etwa auf dem Kriegsschauplatze mit der Bevölkerung und untereinander statthaft sind.

Artikel 40. Jede schwere Verletzung des Waffenstillstandes durch eine der Parteien gibt der anderen das Recht, ihn zu kündigen und in dringenden Fällen sogar die Feindseligkeiten unverzüglich wieder aufzunehmen.

Artikel 41. Die Verletzung der Bedingungen des Waffenstillstandes durch Privatpersonen, die aus eigenem Antriebe handeln, gibt nur das Recht, die Bestrafung der Schuldigen und gegebenenfalls einen Ersatz für den erlittenen Schaden zu fordern.

Dritter Abschnitt.
Militärische Gewalt auf besetztem feindlichen Gebiete.

Artikel 42. Ein Gebiet gilt als besetzt, wenn es sich tatsächlich in der Gewalt des feindlichen Heeres befindet.

Die Besetzung erstreckt sich nur auf die Gebiete, wo diese Gewalt hergestellt ist und ausgeübt werden kann.

Artikel 43. Nachdem die gesetzmäßige Gewalt tatsächlich in die Hände des Besetzenden übergegangen ist, hat dieser alle von ihm abhängenden Vorkehrungen zu treffen, um nach Möglichkeit die öffentliche Ordnung und das öffentliche Leben wiederherzustellen und aufrechtzuerhalten, und zwar, soweit kein zwingendes Hindernis besteht, unter Beachtung der Landesgesetze.

Artikel 44. Einem Kriegführenden ist es untersagt, die Bevölkerung eines besetzten Gebiets zu zwingen, Auskünfte über das Heer des anderen Kriegführenden oder über dessen Verteidigungsmittel zu geben.

Artikel 45. Es ist untersagt, die Bevölkerung eines besetzten Gebiets zu zwingen, der feindlichen Macht den Treueid zu leisten.

Artikel 46. Die Ehre und die Rechte der Familie, das Leben der Bürger und das Privateigentum sowie die religiösen Überzeugungen und gottesdienstlichen Handlungen sollen geachtet werden.

Das Privateigentum darf nicht eingezogen werden.

Artikel 47. Die Plünderung ist ausdrücklich untersagt.

Artikel 48. Erhebt der Besetzende in dem besetzten Gebiete die zugunsten des Staates bestehenden Abgaben, Zölle und Gebühren, so soll er es möglichst nach Maßgabe der für die Ansetzung und Verteilung geltenden Vorschriften tun; es erwächst damit für ihn die Verpflichtung, die Kosten der Verwaltung des besetzten Gebiets in dem Umfange zu tragen, wie die gesetzmäßige Regierung hierzu verpflichtet war.

Artikel 49. Erhebt der Besetzende in dem besetzten Gebiet außer den im vorstehenden Artikel bezeichneten Abgaben andere Auflagen in Geld, so darf dies nur zur Deckung der Bedürfnisse des Heeres oder der Verwaltung dieses Gebiets geschehen.

Artikel 50. Keine Strafe in Geld oder anderer Art darf über eine ganze Bevölkerung wegen der Handlungen einzelner verhängt werden, für welche die Bevölkerung nicht als mitverantwortlich angesehen werden kann.

Artikel 51. Zwangsauflagen können nur auf Grund eines schriftlichen Befehls und unter Verantwortlichkeit eines selbständig kommandierenden Generals erhoben werden.

Die Erhebung soll so viel wie möglich nach den Vorschriften über die Ansetzung und Verteilung der bestehenden Abgaben erfolgen.

Über jede auferlegte Leistung wird den Leistungspflichtigen eine Empfangsbestätigung erteilt.

Artikel 52. Naturalleistungen und Dienstleistungen können von Gemeinden oder Einwohnern nur für die Bedürfnisse des Besetzungsheers gefordert werden. Sie müssen im Verhältnisse zu den Hilfsquellen des Landes stehen und solcher Art sein, daß sie nicht für die Bevölkerung die Verpflichtung enthalten, an Kriegsunternehmungen gegen ihr Vaterland teilzunehmen.

Derartige Natural- und Dienstleistungen können nur mit Ermächtigung des Befehlshabers der besetzten Örtlichkeit gefordert werden.

Die Naturalleistungen sind soviel wie möglich bar zu bezahlen. Andernfalls sind dafür Empfangsbestätigungen auszustellen; die Zahlung der geschuldeten Summen soll möglichst bald bewirkt werden.

Artikel 53. Das ein Gebiet besetzende Heer kann nur mit Beschlag belegen: das bare Geld und die Wertbestände des Staates sowie die dem Staate zustehenden eintreibbaren Forderungen, die Waffenniederlagen, Beförderungsmittel, Vorratshäuser und Lebensmittelvorräte sowie überhaupt alles bewegliche Eigentum des Staates, das geeignet ist, den Kriegsunternehmungen zu dienen.

Alle Mittel, die zu Lande, zu Wasser und in der Luft zur Weitergabe von Nachrichten und zur Beförderung von Personen oder Sachen dienen, mit Ausnahme der durch das Seerecht geregelten Fälle, sowie die Waffenniederlagen und überhaupt jede Art von Kriegsvorräten können, selbst wenn sie Privatpersonen gehören, mit Beschlag belegt werden. Beim Friedensschlusse müssen sie aber zurückgegeben und die Entschädigungen geregelt werden.

Artikel 54. Die unterseeischen Kabel, die ein besetztes Gebiet mit einem neutralen Gebiete verbinden, dürfen nur im Falle unbedingter Notwendigkeit mit Beschlag belegt oder zerstört werden. Beim Friedensschlusse müssen sie gleichfalls zurückgegeben und die Entschädigungen geregelt werden.

Artikel 55. Der besetzende Staat hat sich nur als Verwalter und Nutznießer der öffentlichen Gebäude, Liegenschaften, Wälder und landwirtschaftlichen Betriebe zu betrachten, die dem feindlichen Staate gehören und sich in dem besetzten Gebiete befinden. Er soll den Bestand dieser Güter erhalten und sie nach den Regeln des Nießbrauchs verwalten.

Artikel 56. Das Eigentum der Gemeinden und der dem Gottesdienste, der Wohltätigkeit, dem Unterrichte, der Kunst und der Wissenschaft gewidmeten Anstalten, auch wenn diese dem Staate gehören, ist als Privateigentum zu behandeln.

Jede Beschlagnahme, jede absichtliche Zerstörung oder Beschädigung von derartigen Anlagen, von geschichtlichen Denkmälern oder von Werken der Kunst und Wissenschaft ist untersagt und soll geahndet werden.

V. Abkommen, betreffend die Rechte und Pflichten der neutralen Mächte und Personen im Falle eines Landkriegs.

Erstes Kapitel.
Rechte und Pflichten der neutralen Mächte.

Artikel 1. Das Gebiet der neutralen Mächte ist unverletzlich.

Artikel 2. Es ist den Kriegführenden untersagt, Truppen oder Munitions- oder Verpflegungskolonnen durch das Gebiet einer neutralen Macht hindurchzuführen.

Artikel 3. Es ist den Kriegführenden gleichermaßen untersagt:
a) auf dem Gebiet einer neutralen Macht eine funkentelegraphische Station einzurichten oder sonst irgend eine Anlage, die bestimmt ist, einen Verkehr mit den kriegführenden Land- oder Seestreitkräften zu vermitteln;
b) irgend eine Einrichtung dieser Art zu benutzen, die von ihnen vor dem Kriege auf dem Gebiete der neutralen Macht zu einem ausschließlich militärischen Zwecke hergestellt und nicht für den öffentlichen Nachrichtendienst freigegeben worden ist.

Artikel 4. Auf dem Gebiet einer neutralen Macht dürfen zugunsten der Kriegführenden weder Korps von Kombattanten gebildet noch Werbestellen eröffnet werden.

Artikel 5. Eine neutrale Macht darf auf ihrem Gebiete keine der in den Artikeln 2 bis 4 bezeichneten Handlungen dulden.

Sie ist nur dann verpflichtet, Handlungen, die der Neutralität zuwiderlaufen, zu bestrafen, wenn diese Handlungen auf ihrem eigenen Gebiete begangen sind.

Artikel 6. Eine neutrale Macht ist nicht dafür verantwortlich, daß Leute einzeln die Grenze überschreiten, um in den Dienst eines Kriegführenden zu treten.

Artikel 7. Eine neutrale Macht ist nicht verpflichtet, die für Rechnung des einen oder des anderen Kriegführenden erfolgende Ausfuhr oder Durchfuhr von Waffen, Munition und überhaupt von allem, was für ein Heer oder eine Flotte nützlich sein kann, zu verhindern.

Artikel 8. Eine neutrale Macht ist nicht verpflichtet, für Kriegführende die Benutzung von Telegraphen- oder Fernsprechleitungen sowie von Anlagen für drahtlose Telegraphie, gleichviel ob solche ihr selbst oder ob sie Gesellschaften oder Privatpersonen gehören, zu untersagen oder zu beschränken.

Artikel 9. Alle Beschränkungen oder Verbote, die von einer neutralen Macht in Ansehung der in den Artikeln 7, 8 erwähnten Gegenstände angeordnet werden, sind von ihr auf die Kriegführenden gleichmäßig anzuwenden.

Die neutrale Macht hat darüber zu wachen, daß die gleiche Verpflichtung von den Gesellschaften oder Privatpersonen eingehalten wird, in deren Eigentum sich

Telegraphen- oder Fernsprechleitungen oder Anlagen für drahtlose Telegraphie befinden.

Artikel 10. Die Tatsache, daß eine neutrale Macht eine Verletzung ihrer Neutralität selbst mit Gewalt zurückweist, kann nicht als eine feindliche Handlung angesehen werden.

Zweites Kapitel.
Bei Neutralen untergebrachte Angehörige einer Kriegsmacht und in Pflege befindliche Verwundete.

Artikel 11. Die neutrale Macht, auf deren Gebiet Truppen der kriegführenden Heere übertreten, muß sie möglichst weit vom Kriegsschauplatz unterbringen.

Sie kann sie in Lagern verwahren und sie auch in Festungen oder in anderen zu diesem Zwecke geeigneten Orten einschließen.

Es hängt von ihrer Entscheidung ab, ob Offiziere, die sich auf Ehrenwort verpflichten, das neutrale Gebiet nicht ohne Erlaubnis zu verlassen, frei gelassen werden können.

Artikel 12. In Ermanglung einer besonderen Vereinbarung hat die neutrale Macht den bei ihr untergebrachten Personen Nahrung, Kleidung und die durch die Menschlichkeit gebotenen Hilfsmittel zu gewähren.

Die durch die Unterbringung verursachten Kosten sind nach dem Friedensschlusse zu ersetzen.

Artikel 13. Die neutrale Macht, die entwichene Kriegsgefangene bei sich aufnimmt, wird diese in Freiheit lassen. Wenn sie ihnen gestattet, auf ihrem Gebiete zu verweilen, so kann sie ihnen den Aufenthaltsort anweisen.

Die gleiche Bestimmung findet Anwendung auf die Kriegsgefangenen, die von den Truppen bei ihrer Flucht auf das Gebiet der neutralen Macht mitgeführt werden.

Artikel 14. Eine neutrale Macht kann den Durchzug von Verwundeten oder Kranken der kriegführenden Heere durch ihr Gebiet gestatten, doch nur unter dem Vorbehalte, daß die zur Beförderung benutzten Züge weder Kriegspersonal noch Kriegsmaterial mit sich führen. Die neutrale Macht ist in einem solchen Falle verpflichtet, die erforderlichen Sicherheits- und Aufsichtsmaßregeln zu treffen.

Die der Gegenpartei angehörenden Verwundeten oder Kranken, die unter solchen Umständen von einem der Kriegführenden auf neutrales Gebiet gebracht werden, sind von der neutralen Macht derart zu bewachen, daß sie an den Kriegsunternehmungen nicht wieder teilnehmen können. Diese Macht hat die gleichen Verpflichtungen in Ansehung der ihr anvertrauten Verwundeten oder Kranken des anderen Heeres.

Artikel 15. Das Genfer Abkommen gilt auch für die im neutralen Gebiet untergebrachten Kranken und Verwundeten.

Drittes Kapitel.
Neutrale Personen.

Artikel 16. Als Neutrale sind anzusehen die Angehörigen eines an dem Kriege nicht beteiligten Staates.

Artikel 17. Ein Neutraler kann sich auf seine Neutralität nicht berufen:
a) wenn er feindliche Handlungen gegen einen Kriegführenden begeht;
b) wenn er Handlungen zugunsten eines Kriegführenden begeht, insbesondere wenn er freiwillig Kriegsdienste in der bewaffneten Macht einer der Parteien nimmt.

In einem solchen Falle darf der Neutrale von dem Kriegführenden, dem gegenüber er die Neutralität außer acht gelassen hat, nicht strenger behandelt werden, als ein Angehöriger des anderen kriegführenden Staates wegen der gleichen Tat behandelt werden kann.

Artikel 18. Als Handlungen zugunsten eines Kriegführenden im Sinne des Artikels 17 b sind nicht anzusehen:
a) die Übernahme von Lieferungen oder die Bewilligung von Darlehen an einen Kriegführenden, vorausgesetzt, daß der Lieferant oder Darleiher weder im Gebiete der anderen Partei noch in dem von ihr besetzten Gebiete wohnt und daß auch die Lieferungen nicht aus diesen Gebieten herrühren;
b) die Leistung von polizeilichen oder Zivilverwaltungsdiensten.

Viertes Kapitel.
Eisenbahnmaterial.

Artikel 19. Das aus dem Gebiet einer neutralen Macht herrührende Eisenbahnmaterial, das entweder dieser Macht oder Gesellschaften oder Privatpersonen gehört und als solches erkennbar ist, darf von einem Kriegführenden nur in dem Falle und in dem Maße, in dem eine gebieterische Notwendigkeit es verlangt, angefordert und benutzt werden. Es muß möglichst bald in das Herkunftsland zurückgesandt werden.

Desgleichen kann die neutrale Macht im Falle der Not das aus dem Gebiete der kriegführenden Macht herrührende Material in entsprechendem Umfange festhalten und benutzen.

Von der einen wie von der anderen Seite soll eine Entschädigung nach Verhältnis des benutzten Materials und der Dauer der Benutzung gezahlt werden.

Fünftes Kapitel.
Schlußbestimmungen.

Artikel 20. Die Bestimmungen dieses Abkommens finden nur zwischen Vertragsmächten Anwendung und nur dann, wenn die Kriegführenden sämtlich Vertragsparteien sind.

Artikel 21 bis 25.

VI. Abkommen über die Behandlung der feindlichen Kauffahrteischiffe beim Ausbruche der Feindseligkeiten.

Artikel 1. Befindet sich ein Kauffahrteischiff einer der kriegführenden Mächte beim Ausbruche der Feindseligkeiten in einem feindlichen Hafen, so ist es erwünscht, daß ihm gestattet wird, unverzüglich oder binnen einer ihm zu vergönnenden ausreichenden Frist frei auszulaufen und, mit einem Passierscheine versehen, unmittelbar seinen Bestimmungshafen oder einen sonstigen, ihm bezeichneten Hafen aufzusuchen.

Das gleiche gilt für ein Schiff, das seinen letzten Abfahrtshafen vor dem Beginne des Krieges verlassen hat und ohne Kenntnis der Feindseligkeiten einen feindlichen Hafen anläuft.

Artikel 2. Ein Kauffahrteischiff, das infolge höherer Gewalt den feindlichen Hafen nicht binnen der im vorstehenden Artikel erwähnten Frist hat verlassen können oder dem das Auslaufen nicht gestattet worden ist, darf nicht eingezogen werden.

Der Kriegführende darf es nur entweder unter der Verpflichtung, es nach dem Kriege ohne Entschädigung zurückzugeben, mit Beschlag belegen oder gegen Entschädigung für sich anfordern.

Artikel 3. Die feindlichen Kauffahrteischiffe, die ihren letzten Abfahrtshafen vor dem Beginne des Krieges verlassen haben und in Unkenntnis der Feindseligkeiten auf See betroffen werden, dürfen nicht eingezogen werden. Sie unterliegen nur entweder der Beschlagnahme unter der Verpflichtung, daß sie nach dem Kriege ohne Entschädigung zurückgegeben werden, oder der Anforderung oder selbst Zerstörung gegen Entschädigung und unter der Verpflichtung, daß für die Sicherheit der Personen und die Erhaltung der Schiffspapiere gesorgt wird.

Sobald diese Schiffe einen Hafen ihres Landes oder einen neutralen Hafen berührt haben, sind sie den Gesetzen und Gebräuchen des Seekriegs unterworfen.

Artikel 4. Die feindlichen Waren, die sich an Bord der in den Artikeln 1, 2 bezeichneten Schiffe befinden, unterliegen ebenfalls, zusammen mit dem Schiffe oder allein, entweder der Beschlagnahme, wobei sie nach dem Kriege ohne Entschädigung zurückzugeben sind, oder der Anforderung gegen Entschädigung.

Das gleiche gilt für Waren, die sich an Bord der im Artikel 3 bezeichneten Schiffe befinden.

Artikel 5. Dieses Abkommen erstreckt sich nicht auf solche Kauffahrteischiffe, deren Bau ersehen läßt, daß sie zur Umwandlung in Kriegsschiffe bestimmt sind.

Artikel 6. Die Bestimmungen dieses Abkommens finden nur zwischen den Vertragsmächten Anwendung und nur dann, wenn die Kriegführenden sämtlich Vertragsparteien sind.

Artikel 7 bis 11.

VII. Abkommen über die Umwandlung von Kauffahrteischiffen in Kriegsschiffe.

Artikel 1. Kein Kauffahrteischiff, das in ein Kriegsschiff umgewandelt ist, hat die mit dieser Eigenschaft verbundenen Rechte und Verpflichtungen, wenn es nicht dem direkten Befehle, der unmittelbaren Aufsicht und der Verantwortlichkeit der Macht, deren Flagge es führt, unterstellt ist.

Artikel 2. Die in Kriegsschiffe umgewandelten Kauffahrteischiffe müssen die äußeren Abzeichen der Kriegsschiffe ihres Heimatlandes tragen.

Artikel 3. Der Befehlshaber muß im Staatsdienste stehen und von der zuständigen Staatsgewalt ordnungsmäßig bestellt sein. Sein Name muß in der Rangliste der Kriegsmarine stehen.

Artikel 4. Die Mannschaft muß den Regeln der militärischen Disziplin unterworfen sein.

Artikel 5. Jedes in ein Kriegsschiff umgewandelte Kauffahrteischiff hat bei seinen Unternehmungen die Gesetze und Gebräuche des Krieges zu beobachten.

Artikel 6. Der Kriegführende, der ein Kauffahrteischiff in ein Kriegsschiff umwandelt, muß diese Umwandlung möglichst bald auf der Liste seiner Kriegsschiffe vermerken.

Artikel 7. Die Bestimmungen dieses Abkommens finden nur zwischen den Vertragsmächten Anwendung und nur dann, wenn die Kriegführenden sämtlich Vertragsparteien sind.

Artikel 8 bis 12.

VIII. Abkommen über die Legung von unterseeischen selbsttätigen Kontaktminen.

Artikel 1. Es ist untersagt:
1. unverankerte selbsttätige Kontaktminen zu legen, außer wenn diese so eingerichtet sind, daß sie spätestens eine Stunde, nachdem der sie Legende die Aufsicht über sie verloren hat, unschädlich werden;
2. verankerte selbsttätige Kontaktminen zu legen, wenn diese nicht unschädlich werden, sobald sie sich von ihrer Verankerung losgerissen haben;
3. Torpedos zu verwenden, wenn diese nicht unschädlich werden, nachdem sie ihr Ziel verfehlt haben.

Artikel 2. Es ist untersagt, vor den Küsten und Häfen des Gegners selbsttätige Kontaktminen zu legen zu dem alleinigen Zwecke, die Handelsschifffahrt zu unterbinden.

Artikel 3. Bei der Verwendung von verankerten selbsttätigen Kontaktminen sind für die Sicherheit der friedlichen Schiffahrt alle möglichen Vorsichtsmaßregeln zu treffen.

Auszug aus der Schlußakte der Zweiten Haager Friedenskonferenz.

Die Kriegführenden verpflichten sich, nach Möglichkeit dafür zu sorgen, daß diese Minen nach Ablauf eines begrenzten Zeitraums unschädlich werden; auch verpflichten sie sich, falls ihre Überwachung aufhört, die gefährlichen Gegenden den Schiffahrtskreisen, sobald es die militärischen Rücksichten gestatten, durch eine Bekanntmachung zu bezeichnen, die auch den Regierungen auf diplomatischem Wege mitzuteilen ist.

Artikel 4. Jede neutrale Macht, die vor ihren Küsten selbsttätige Kontaktminen legt, soll dieselben Regeln beobachten und dieselben Vorsichtsmaßregeln treffen, wie sie den Kriegführenden zur Pflicht gemacht sind.

Die neutrale Macht muß durch eine vorgängige Bekanntmachung die Gegenden, wo selbsttätige Kontaktminen gelegt werden sollen, zur Kenntnis der Schiffahrtskreise bringen. Diese Bekanntmachung soll den Regierungen schleunigst auf diplomatischem Wege mitgeteilt werden.

Artikel 5. Die Vertragsmächte verpflichten sich, nach Beendigung des Krieges alles, was an ihnen liegt, zu tun, um, jede auf ihrer Seite, die gelegten Minen zu beseitigen.

Was die verankerten selbsttätigen Kontaktminen betrifft, welche einer der Kriegführenden längs den Küsten des anderen gelegt hat, so soll deren Lage von derjenigen Macht, die sie gelegt hat, der anderen Partei mitgeteilt werden und jede Macht soll in kürzester Frist zur Beseitigung der in ihren Gewässern befindlichen Minen schreiten.

Artikel 6. Die Vertragsmächte, die noch nicht über vervollkommnete Minen, so wie sie dieses Abkommen vorsieht, verfügen und mithin zur Zeit die in den Artikeln 1 und 3 aufgestellten Regeln nicht befolgen können, verpflichten sich, ihr Minenmaterial möglichst bald umzugestalten, damit es den erwähnten Vorschriften entspricht.

Artikel 7. Die Bestimmungen dieses Abkommens finden nur zwischen den Vertragsmächten Anwendung und nur dann, wenn die Kriegführenden sämtlich Vertragsparteien sind.

Artikel 8 bis 10.

Artikel 11. Dieses Abkommen gilt für die Dauer von sieben Jahren, gerechnet vom sechzigsten Tage nach dem Tage der ersten Hinterlegung von Ratifikationsurkunden. In Ermanglung einer Kündigung bleibt es nach dem Ablauf dieser Frist weiter in Kraft. Die Kündigung soll schriftlich der Regierung der Niederlande erklärt werden, die unverzüglich beglaubigte Abschrift der Erklärung allen Mächten mitteilt und ihnen zugleich bekanntgibt, an welchem Tage sie die Erklärung erhalten hat usw.

Artikel 12. Die Vertragsmächte verpflichten sich, die Frage der Verwendung selbsttätiger Kontaktminen sechs Monate vor dem Ablaufe der im ersten Absatze des vorstehenden Artikels vorgesehenen Frist wieder aufzunehmen, falls sie nicht vorher von der Dritten Friedenskonferenz wieder aufgenommen und gelöst worden ist.

Sollten die Vertragsmächte ein neues Abkommen über die Verwendung von Minen schließen, so verliert, sobald dieses in Kraft tritt, das vorliegende Abkommen seine Gültigkeit.

Artikel 13.

IX. Abkommen, betreffend die Beschießung durch Seestreitkräfte in Kriegszeiten.

Erstes Kapitel.

Beschießung unverteidigter Häfen, Städte, Dörfer, Wohnstätten oder Gebäude.

Artikel 1. Es ist untersagt, unverteidigte Häfen, Städte, Dörfer, Wohnstätten oder Gebäude durch Seestreitkräfte zu beschießen.

Eine Ortschaft darf nicht aus dem Grunde allein beschossen werden, weil vor ihrem Hafen unterseeische selbsttätige Kontaktminen gelegt sind.

Artikel 2. In diesem Verbote sind jedoch nicht einbegriffen militärische Werke, Militär- oder Marineanlagen, Niederlagen von Waffen oder von Kriegsmaterial, Werkstätten und Einrichtungen, die für die Bedürfnisse der feindlichen Flotte oder des feindlichen Heeres nutzbar gemacht werden können, sowie im Hafen befindliche Kriegsschiffe. Der Befehlshaber einer Seestreitmacht kann sie nach Aufforderung mit angemessener Frist durch Geschützfeuer zerstören, wenn jedes andere Mittel ausgeschlossen ist und die Ortsbehörden nicht innerhalb der gestellten Frist zu der Zerstörung geschritten sind.

Ihn trifft in diesem Falle keine Verantwortung für den nicht beabsichtigten Schaden, der durch die Beschießung etwa verursacht worden ist.

Wenn zwingende militärische Gründe, die ein sofortiges Handeln erfordern, die Bewilligung einer Frist nicht gestatten, so versteht es sich, daß das Verbot der Beschießung der unverteidigten Stadt ebenso wie im Falle des Abs. 1 bestehen bleibt und daß der Befehlshaber alle erforderlichen Anordnungen zu treffen hat, damit daraus für die Stadt möglichst wenig Nachteile entstehen.

Artikel 3. Nach ausdrücklicher Ankündigung kann zur Beschießung unverteidigter Häfen, Städte, Dörfer, Wohnstätten und Gebäude geschritten werden, wenn die Ortsbehörde, nachdem sie durch eine förmliche Aufforderung in Verzug gesetzt ist, sich weigert, einer Anforderung von Lebensmitteln oder Vorräten nachzukommen, die für das augenblickliche Bedürfnis der vor der Ortschaft liegenden Seestreitmacht benötigt werden.

Die angeforderten Leistungen müssen im Verhältnisse zu den Hilfsquellen der Ortschaft stehen. Sie sollen nur mit Ermächtigung des Befehlshabers der Seestreitmacht gefordert und soviel wie möglich bar bezahlt werden; andernfalls sind dafür Empfangsbescheinigungen auszustellen.

Artikel 4. Es ist untersagt, unverteidigte Häfen, Städte, Dörfer, Wohnstätten und Gebäude zu beschießen, weil sie Auflagen in Geld nicht bezahlt haben.

Zweites Kapitel.
Allgemeine Bestimmungen.

Artikel 5. Bei der Beschießung durch Seestreitkräfte sollen von dem Befehlshaber alle erforderlichen Vorkehrungen getroffen werden, um die dem Gottesdienste, der Kunst, der Wissenschaft und der Wohltätigkeit gewidmeten Gebäude, die geschichtlichen Denkmäler, die Hospitäler und Sammelplätze für Kranke oder Verwundete soviel wie möglich zu schonen, vorausgesetzt, daß sie nicht gleichzeitig zu einem militärischen Zwecke Verwendung finden.

Pflicht der Einwohner ist es, diese Denkmäler, Gebäude oder Sammelplätze durch deutliche Zeichen kenntlich zu machen, die aus großen und steifen rechteckigen Flächen bestehen und diagonal in zwei Dreiecke, das obere von schwarzer, das untere von weißer Farbe, geteilt sein sollen.

Artikel 6. Mit Ausnahme des Falles, wo die militärischen Erfordernisse es nicht gestatten, soll der Befehlshaber der angreifenden Seestreitmacht vor Eröffnung der Beschießung alles, was an ihm liegt, tun, um die Behörden zu benachrichtigen.

Artikel 7. Es ist untersagt, Städte oder Ortschaften, selbst wenn sie im Sturme genommen sind, der Plünderung preiszugeben.

Drittes Kapitel.
Schlußbestimmungen.

Artikel 8. Die Bestimmungen dieses Abkommens finden nur zwischen den Vertragsmächten Anwendung und nur dann, wenn die Kriegführenden sämtlich Vertragsparteien sind.

Artikel 9 bis 13.

X. Abkommen, betreffend die Anwendung der Grundsätze des Genfer Abkommens auf den Seekrieg.

Artikel 1. Die militärischen Lazarettschiffe, das heißt die Schiffe, die vom Staate einzig und allein erbaut oder eingerichtet worden sind, um den Verwundeten, Kranken und Schiffbrüchigen Hilfe zu bringen, und deren Namen beim Beginn oder im Verlaufe der Feindseligkeiten, jedenfalls aber vor irgendwelcher Verwendung, den kriegführenden Mächten mitgeteilt werden, sind zu achten und dürfen während der Dauer der Feindseligkeiten nicht weggenommen werden.

Auch dürfen diese Schiffe bei einem Aufenthalt in neutralen Häfen nicht als Kriegsschiffe behandelt werden.

Artikel 2. Lazarettschiffe, die ganz oder zum Teile auf Kosten von Privatpersonen oder von amtlich anerkannten Hilfsgesellschaften ausgerüstet worden sind, sind ebenfalls zu achten und von der Wegnahme ausgeschlossen, sofern die kriegführende Macht, der sie angehören, eine amtliche Bescheinigung für sie ausgestellt und ihre Namen dem Gegner beim Beginn oder im Verlaufe der Feindseligkeiten, jedenfalls aber vor irgendwelcher Verwendung, bekanntgemacht hat.

Diese Schiffe müssen eine Bescheinigung der zuständigen Behörde darüber bei sich führen, daß sie sich während der Ausrüstung und beim Auslaufen unter ihrer Aufsicht befunden haben.

Artikel 3. Lazarettschiffe, die ganz oder zum Teile auf Kosten von Privatpersonen oder von amtlich anerkannten Hilfsgesellschaften neutraler Staaten ausgerüstet worden sind, sind zu achten und von der Wegnahme ausgeschlossen unter der Bedingung, daß sie sich der Leitung eines der Kriegführenden mit vorgängiger Einwilligung ihrer eigenen Regierung und mit Ermächtigung des Kriegführenden selbst unterstellt haben und daß dieser ihren Namen zu Beginn oder im Verlaufe der Feindseligkeiten, jedenfalls aber vor irgendwelcher Verwendung, dem Gegner bekanntgemacht hat.

Artikel 4. Die in den Artikeln 1, 2, 3 bezeichneten Schiffe sollen den Verwundeten, Kranken und Schiffbrüchigen der Kriegführenden ohne Unterschied der Nationalität Hilfe und Beistand gewähren.

Die Regierungen verpflichten sich, diese Schiffe zu keinerlei militärischen Zwecken zu benutzen.

Diese Schiffe dürfen in keiner Weise die Bewegungen der Kriegsschiffe behindern.

Während des Kampfes und nach dem Kampfe handeln sie auf ihre eigene Gefahr.

Die Kriegführenden üben über sie ein Aufsichts- und Durchsuchungsrecht aus; sie können ihre Hilfe ablehnen, ihnen befehlen, sich zu entfernen, ihnen eine bestimmte Fahrtrichtung vorschreiben, einen Kommissar an Bord geben und sie auch zurückhalten, wenn besonders erhebliche Umstände es erfordern.

Die Kriegführenden sollen die den Lazarettschiffen gegebenen Befehle soweit wie möglich in deren Schiffstagebuch eintragen.

Artikel 5. Die militärischen Lazarettschiffe sind kenntlich zu machen durch einen äußeren weißen Anstrich mit einem wagerecht laufenden, etwa anderthalb Meter breiten grünen Streifen.

Die in den Artikeln 2, 3 bezeichneten Schiffe sind kenntlich zu machen durch einen äußeren weißen Anstrich mit einem wagerecht laufenden, etwa anderthalb Meter breiten roten Streifen.

Die Boote dieser Schiffe sowie die kleinen, zum Lazarettdienste verwendeten Fahrzeuge müssen durch einen ähnlichen Anstrich kenntlich gemacht sein.

Alle Lazarettschiffe sollen sich dadurch erkennbar machen, daß sie neben der Nationalflagge die in dem Genfer Abkommen vorgesehene weiße Flagge mit dem roten Kreuze und außerdem, sofern sie einem neutralen Staate angehören, am Hauptmaste die Nationalflagge des Kriegführenden, dessen Leitung sie sich unterstellt haben, hissen.

Lazarettschiffe, die gemäß Artikel 4 vom Feinde zurückgehalten werden, haben die Nationalflagge des Kriegführenden, dem sie unterstellt sind, niederzuholen.

Wollen sich die vorstehend erwähnten Schiffe und Boote auch während der Nacht den ihnen gebührenden Schutz sichern, so haben sie mit Genehmigung des Kriegführenden, den sie begleiten, die notwendigen Vorkehrungen zu treffen, damit der sie kenntlich machende Anstrich genügend sichtbar ist.

Artikel 6. Die im Artikel 5 vorgesehenen Abzeichen sollen sowohl in Friedens- als auch in Kriegszeiten nur zum Schutze und zur Bezeichnung der dort erwähnten Schiffe gebraucht werden.

Artikel 7. Im Falle eines Kampfes an Bord eines Kriegsschiffs sollen die Lazarette tunlichst geachtet und geschont werden.

Diese Lazarette und ihre Ausrüstung bleiben den Kriegsgesetzen unterworfen, dürfen aber ihrer Bestimmung nicht entzogen werden, solange sie für Verwundete und Kranke erforderlich sind.

Gleichwohl kann der Befehlshaber, der sie in seiner Gewalt hat, im Falle gewichtiger militärischer Erfordernisse, darüber verfügen, wenn er zuvor den Verbleib der darin untergebrachten Verwundeten und Kranken sichergestellt hat.

Artikel 8. Der den Lazarettschiffen und den Schiffslazaretten gebührende Schutz hört auf, wenn sie dazu verwendet werden, dem Feinde zu schaden.

Als geeignet, um den Verlust des Schutzes zu begründen, soll weder die Tatsache gelten, daß das Personal dieser Schiffe und Lazarette zur Aufrechterhaltung der Ordnung und zur Verteidigung der Verwundeten oder Kranken bewaffnet ist, noch die Tatsache, daß sich eine funkentelegraphische Einrichtung an Bord befindet.

Artikel 9. Die Kriegführenden können den Wohltätigkeitssinn der Führer neutraler Kauffahrteischiffe, Jachten oder Boote anrufen, damit sie Verwundete oder Kranke an Bord nehmen und versorgen.

Fahrzeuge, die diesem Aufrufe nachkommen, ebenso wie solche, die unaufgefordert Verwundete, Kranke oder Schiffbrüchige aufgenommen haben, genießen einen besonderen Schutz und bestimmte Vergünstigungen. In keinem Falle können sie wegen einer solchen Beförderung weggenommen werden; sie bleiben jedoch, sofern ihnen nicht ein anderes versprochen ist, im Falle von Neutralitätsverletzungen, deren sie sich etwa schuldig gemacht haben, der Wegnahme ausgesetzt.

Artikel 10. Das geistliche, ärztliche und Lazarettpersonal weggenommener Schiffe ist unverletzlich und kann nicht kriegsgefangen gemacht werden. Es ist berechtigt, beim Verlassen des Schiffes die Gegenstände und chirurgischen Instrumente, die sein Privateigentum sind, mit sich zu nehmen.

Es soll jedoch seine Dienste so lange weiter leisten, als es notwendig erscheint, und kann sich erst dann zurückziehen, wenn der oberste Befehlshaber es für zulässig erklärt.

Die Kriegführenden sind verpflichtet, diesem Personale, wenn es in ihre Hände fällt, dieselben Bezüge und dieselbe Löhnung zuzusichern wie dem Personale gleichen Dienstgrads der eigenen Marine.

Artikel 11. Die an Bord befindlichen Marine- und Militärpersonen sowie andere den Marinen oder Heeren dienstlich beigegebene Personen sollen, sofern sie verwundet oder krank sind, von dem, der das Schiff nimmt, ohne Unterschied der Nationalität geachtet und versorgt werden.

Artikel 12. Jedes Kriegsschiff einer Kriegspartei kann die Herausgabe der Verwundeten, Kranken oder Schiffbrüchigen verlangen, die sich an Bord von militärischen Lazarettschiffen, von Lazarettschiffen einer Hilfsgesellschaft oder einer Privatperson, von Kauffahrteischiffen, Jachten und Booten befinden, welches auch die Nationalität dieser Fahrzeuge sei.

Artikel 13. Wenn ein neutrales Kriegsschiff Verwundete, Kranke oder Schiffbrüchige an Bord genommen hat, so muß soweit wie möglich dafür gesorgt werden, daß diese nicht wieder an den Kriegsunternehmungen teilnehmen können.

Artikel 14. Schiffbrüchige, Verwundete oder Kranke eines Kriegführenden sind Kriegsgefangene, wenn sie in die Gewalt des anderen Kriegführenden fallen. Es bleibt diesem überlassen, den Umständen nach darüber zu befinden, ob sie festzuhalten oder ob sie nach einem Hafen seiner Nation, nach einem neutralen Hafen oder selbst nach einem Hafen des Gegners befördert werden sollen. Im letzteren Falle dürfen die so in ihre Heimat entlassenen Kriegsgefangenen während der Dauer des Krieges nicht mehr dienen.

Artikel 15. Schiffbrüchige, Verwundete oder Kranke, die mit Genehmigung der Ortsbehörde in einem neutralen Hafen ausgeschifft worden sind, sollen, sofern nicht zwischen dem neutralen Staate und den kriegführenden Staaten ein anderes vereinbart ist, durch den neutralen Staat derart bewacht werden, daß sie nicht wieder an den Kriegsunternehmungen teilnehmen können.

Die Kosten der Pflege und der Unterbringung sind von dem Staate zu tragen, dem die Schiffbrüchigen, Verwundeten oder Kranken angehören.

Artikel 16. Nach jedem Kampfe sollen die beiden Kriegsparteien, soweit es die militärischen Zwecke gestatten, Vorkehrungen treffen, um die Schiffbrüchigen, Verwundeten und Kranken aufzusuchen und sie, ebenso wie die Gefallenen, gegen Beraubung und schlechte Behandlung zu schützen.

Sie sollen darüber wachen, daß der Beerdigung, Versenkung oder Verbrennung der Gefallenen eine sorgfältige Leichenschau vorangeht.

Artikel 17. Jeder Kriegführende soll sobald als möglich die bei den Gefallenen aufgefundenen militärischen Erkennungsmarken und Beweisstücke der Identität sowie ein Namensverzeichnis der von ihm aufgenommenen Verwundeten oder Kranken deren Landesbehörden oder den Dienstbehörden ihrer Marine oder ihres Heeres übermitteln.

Die Kriegführenden sollen sich über die Unterbringung von Kranken und Verwundeten, die sich in ihrer Gewalt befinden, und den Wechsel in der Unterbringung sowie über ihre Aufnahme in die Lazarette und die vorkommenden Sterbefälle gegenseitig auf dem laufenden halten. Sie sollen alle zum persönlichen Gebrauche bestimmten Gegenstände, Wertsachen, Briefe usw., die auf den genommenen Schiffen gefunden oder von den in Hospitälern sterbenden Verwundeten oder Kranken hinterlassen werden, sammeln, um sie durch deren Landesbehörden den Berechtigten übermitteln zu lassen.

Artikel 18. Die Bestimmungen dieses Abkommens finden nur zwischen den Vertragsmächten Anwendung und nur dann, wenn die Kriegführenden sämtlich Vertragsparteien sind.

Artikel 19. Die Oberbefehlshaber der Flotten der Kriegführenden haben für die Einzelheiten der Ausführung der vorstehenden Artikel und für nicht vorgesehene Fälle gemäß den Weisungen ihrer Regierungen und im Sinne dieses Abkommens zu sorgen.

Artikel 20. Die Mächte, die unterzeichnet haben, werden die erforderlichen Maßnahmen treffen, um die Bestimmungen dieses Abkommens ihren Marinen und besonders dem geschützten Personale bekanntzumachen und sie zur Kenntnis der Bevölkerung zu bringen.

Artikel 21. Die Mächte, die unterzeichnet haben, verpflichten sich gleichermaßen, im Falle der Unzulänglichkeit ihrer Strafgesetze die erforderlichen Maßnahmen zu treffen oder ihren gesetzgebenden Körperschaften vorzuschlagen, um in Kriegszeiten die von einzelnen begangenen Handlungen der Beraubung und der schlechten Behandlung von Verwundeten und Kranken der Marinen mit Strafe zu belegen sowie um den unbefugten Gebrauch der im Artikel 5 vorgesehenen Abzeichen durch die von diesem Abkommen nicht geschützten Schiffe als Anmaßung militärischer Abzeichen zu bestrafen.

Sie werden sich durch Vermittlung der Niederländischen Regierung diese Strafbestimmungen spätestens in fünf Jahren nach der Ratifikation dieses Abkommens gegenseitig mitteilen.

Artikel 22. Finden Kriegsunternehmungen zwischen Land- und Seestreitkräften der Kriegführenden statt, so sollen die Bestimmungen dieses Abkommens nur für die eingeschifften Streitkräfte Anwendung finden.

Artikel 23.

Artikel 24. Die Mächte, die nicht unterzeichnet, aber das Genfer Abkommen vom 6. Juli 1906 angenommen haben, können dem vorliegenden Abkommen später beitreten usw.

Artikel 25. Dieses Abkommen tritt nach seiner Ratifikation für die Beziehungen zwischen den Vertragsmächten an die Stelle des Abkommens vom 29. Juli 1899, betreffend die Anwendung der Grundsätze des Genfer Abkommens auf den Seekrieg.

Das Abkommen von 1899 bleibt in Kraft für die Beziehungen zwischen den Mächten, die es unterzeichnet haben, die aber das vorliegende Abkommen nicht gleichermaßen ratifizieren sollten.

Artikel 26 bis 28.

XI. Abkommen über gewisse Beschränkungen in der Ausübung des Beuterechts im Seekriege.

Erstes Kapitel.
Briefpostsendungen.

Artikel 1. Die auf See auf neutralen oder feindlichen Schiffen vorgefundenen Briefpostsendungen der Neutralen oder der Kriegführenden, mögen sie amtlicher oder privater Natur sein, sind unverletzlich. Erfolgt die Beschlagnahme des Schiffes, so sind sie von dem Beschlagnehmenden möglichst unverzüglich weiterzubefördern.

Die Bestimmungen des vorstehenden Absatzes finden im Falle des Blockadebruchs keine Anwendung auf die Briefsendungen, die nach dem blockierten Hafen bestimmt sind oder von ihm kommen.

Artikel 2. Die Unverletzlichkeit der Briefpostsendungen entzieht die neutralen Postdampfer nicht den Gesetzen und Gebräuchen des Seekriegs, welche die neutralen Kauffahrteischiffe im allgemeinen betreffen. Doch soll ihre Durchsuchung nur im Notfall unter möglichster Schonung und mit möglichster Beschleunigung vorgenommen werden.

Zweites Kapitel.
Befreiung gewisser Fahrzeuge von der Wegnahme.

Artikel 3. Die ausschließlich der Küstenfischerei oder den Verrichtungen der kleinen Lokalschiffahrt dienenden Fahrzeuge sowie ihr Fischereigerät, ihre Takelage, ihr Schiffsgerät und ihre Ladung sind von der Wegnahme befreit.

Die Befreiung hört auf, sobald sie in irgendwelcher Art an den Feindseligkeiten teilnehmen.

Die Vertragsmächte versagen es sich, den harmlosen Charakter dieser Fahrzeuge auszunutzen, um sie unter Beibehaltung ihres friedlichen Aussehens zu militärischen Zwecken zu verwenden.

Artikel 4. Von der Wegnahme sind gleichermaßen die Schiffe befreit, die mit religiösen, wissenschaftlichen oder menschenfreundlichen Aufgaben betraut sind.

Drittes Kapitel.
Behandlung der Besatzung der von einem Kriegführenden weggenommenen feindlichen Kauffahrteischiffe.

Artikel 5. Wird von einem Kriegführenden ein feindliches Kauffahrteischiff weggenommen, so wird dessen Mannschaft, soweit sie einem neutralen Staate angehört, nicht zu Kriegsgefangenen gemacht.

Das gleiche gilt von dem Kapitän und den Offizieren, die ebenfalls einem neutralen Staate angehören, wenn sie ein förmliches schriftliches Versprechen abgeben, während der Dauer des Krieges auf keinem feindlichen Schiffe Dienste zu nehmen.

Artikel 6. Der Kapitän, die Offiziere und die Mitglieder der Mannschaft, die dem feindlichen Staate angehören, werden nicht zu Kriegsgefangenen gemacht, sofern sie sich unter Bekräftigung mit einem förmlichen schriftlichen Versprechen verpflichten, während der Dauer der Feindseligkeiten keinen Dienst zu übernehmen, der mit den Kriegsunternehmungen im Zusammenhange steht.

Artikel 7. Die Namen der unter den Voraussetzungen des Artikel 5 Abs. 2 und des Artikel 6 frei gelassenen Personen werden von der nehmenden Kriegsmacht der anderen Kriegsmacht mitgeteilt. Dieser ist es untersagt, solche Personen wissentlich zu verwenden.

Artikel 8. Die Bestimmungen der drei vorstehenden Artikel finden keine Anwendung auf Schiffe, die an den Feindseligkeiten teilnehmen.

Viertes Kapitel.
Schlußbestimmungen.

Artikel 9. Die Bestimmungen dieses Abkommens finden nur zwischen den Vertragsmächten Anwendung und nur dann, wenn die Kriegführenden sämtlich Vertragsparteien sind.

Artikel 10 bis 14.

XII. Abkommen über die Errichtung eines Internationalen Prisenhofs.
Erster Titel.
Allgemeine Bestimmungen.

Artikel 1. Die Rechtmäßigkeit der Wegnahme eines Kauffahrteischiffs oder seiner Ladung ist, wenn es sich um neutrales oder feindliches Eigentum handelt, vor einer Prisengerichtsbarkeit nach Maßgabe dieses Abkommens darzutun.

Artikel 2. Die Prisengerichtsbarkeit wird zunächst durch die Prisengerichte der nehmenden Kriegsmacht ausgeübt.

Die Entscheidungen dieser Gerichte werden in öffentlicher Sitzung verkündet oder von Amts wegen den neutralen oder feindlichen Parteien zugestellt.

Artikel 3. Die Entscheidungen der nationalen Prisengerichte können Gegenstand eines Rekurses an den Internationalen Prisenhof sein:
1. wenn die Entscheidung der nationalen Gerichte das Eigentum einer neutralen Macht oder Privatperson betrifft;
2. wenn diese Enscheidung feindliches Eigentum betrifft und es sich handelt
    a) um Güter, die auf einem neutralen Schiffe verfrachtet sind,
    b) um ein feindliches Schiff, das in den Küstengewässern einer neutralen Macht weggenommen worden ist, falls nicht diese Macht die Wegnahme zum Gegenstand einer diplomatischen Reklamation gemacht hat,

c) um einen Anspruch auf Grund der Behauptung, daß die Wegnahme unter Verletzung einer zwischen den kriegführenden Mächten geltenden Vertragsbestimmung oder einer von der nehmenden Kriegsmacht erlassenen Rechtsvorschrift bewirkt worden ist.

Der Rekurs gegen die Entscheidung der nationalen Gerichte kann darauf gestützt werden, daß die Entscheidung in tatsächlicher oder in rechtlicher Hinsicht unrichtig ist.

Artikel 4. Der Rekurs kann eingelegt werden:
1. von einer neutralen Macht, wenn die Entscheidung der nationalen Gerichte ihr Eigentum oder das ihrer Angehörigen betroffen hat (Artikel 3 Nr. 1) oder wenn behauptet wird, daß die Wegnahme eines feindlichen Schiffes in den Küstengewässern dieser Macht erfolgt ist (Artikel 3 Nr. 2 b);
2. von einer neutralen Privatperson, wenn die Entscheidung der nationalen Gerichte ihr Eigentum betroffen hat (Artikel 3 Nr. 1), wobei jedoch der Macht, der die Privatperson angehört, das Recht vorbehalten bleibt, dieser die Anrufung des Prisenhofs zu untersagen oder dort selbst an ihrer Stelle aufzutreten;
3. von einer der feindlichen Macht angehörenden Privatperson, wenn die Entscheidung der nationalen Gerichte ihr Eigentum betroffen hat und die Voraussetzungen der Fälle des Artikels 3 Nr. 2 mit Ausnahme des Falles unter b vorliegen.

Artikel 5. Der Rekurs kann unter den im vorstehenden Artikel aufgeführten Bedingungen auch von solchen Beteiligten, ob neutral oder feindlich, eingelegt werden, die ein rechtliches Interesse an dem Obsiegen der zum Rekurse befugten Privatperson haben und ihr in dem Verfahren vor der nationalen Gerichtsbarkeit beigetreten waren. Diese Nebenbeteiligten können jeder für sich nach Maßgabe seines Interesses den Rekurs einlegen.

Das gleiche gilt für die neutralen oder feindlichen Nebenbeteiligten der neutralen Macht, deren Eigentum sich im Streite befindet.

Artikel 6. Ist der Internationale Prisenhof gemäß Artikel 3 zuständig, so kann die Gerichtsbarkeit der nationalen Gerichte in höchstens zwei Instanzen ausgeübt werden. Die Gesetzgebung der nehmenden Kriegsmacht hat darüber zu entscheiden, ob der Rekurs nach der Entscheidung in erster Instanz oder erst nach der Entscheidung in der Berufungs- oder Revisionsinstanz zulässig ist.

Haben die nationalen Gerichte binnen zwei Jahren nach der Wegnahme keine endgültige Entscheidung gefällt, so kann der Prisenhof unmittelbar angerufen werden.

Artikel 7. Ist die zu entscheidende Rechtsfrage vorgesehen in einem in Geltung befindlichen Abkommen zwischen der nehmenden Kriegsmacht und der Macht, die selbst oder von der ein Angehöriger Prozeßpartei ist, so richtet sich der Prisenhof nach den Bestimmungen dieses Abkommens.

In Ermanglung solcher Bestimmungen wendet der Prisenhof die Regeln des internationalen Rechtes an. Wenn allgemein anerkannte Regeln nicht bestehen, so entscheidet das Gericht nach den allgemeinen Grundsätzen der Gerechtigkeit und der Billigkeit.

Die vorstehenden Bestimmungen finden auch Anwendung auf die Beweislast sowie auf die Rechtsbehelfe, die vorgebracht werden können.

Wenn der Rekurs gemäß Artikel 3 Nr. 2 c auf Verletzung einer Rechtsvorschrift der nehmenden Kriegsmacht gestützt ist, so wendet der Prisenhof diese Vorschrift an.

Der Prisenhof kann prozessuale Rechtsnachteile, die in der Gesetzgebung der nehmenden Kriegsmacht vorgesehen sind, unbeachtet lassen, falls er der Ansicht ist, daß ihre Folgen der Gerechtigkeit und der Billigkeit widersprechen.

Artikel 8. Erklärt sich der Prisenhof für die Rechtmäßigkeit der Wegnahme von Schiff oder Ladung, so ist mit diesen nach den Gesetzen der nehmenden Kriegsmacht zu verfahren.

Wird die Wegnahme für nichtig erklärt, so ordnet der Prisenhof die Rückgabe von Schiff oder Ladung an und setzt gegebenenfalls die Höhe des zu leistenden Schadenersatzes fest. Wenn Schiff oder Ladung verkauft oder zerstört worden sind, so bestimmt der Prisenhof die dem Eigentümer dafür zu gewährende Entschädigung.

War die Wegnahme von der nationalen Gerichtsbarkeit für nichtig erklärt, so ist der Prisenhof nur zur Entscheidung über den Schadensersatz berufen.

Artikel 9. Die Vertragsmächte übernehmen die Verpflichtung, sich den Entscheidungen des Internationalen Prisenhofs nach Treu und Glauben zu unterwerfen und ihnen in möglichst kurzer Frist nachzukommen.

Zweiter Titel.
Verfassung des Internationalen Prisenhofs.

Artikel 10. Der Internationale Prisenhof besteht aus Richtern und Hilfsrichtern, die von den Vertragsmächten ernannt werden; sie müssen sämtlich Rechtsgelehrte von anerkannter Sachkunde in Fragen des internationalen Seerechts sein und sich der höchsten sittlichen Achtung erfreuen.

Die Ernennung der Richter und Hilfsrichter hat binnen sechs Monaten nach der Ratifikation dieses Abkommens zu erfolgen.

Artikel 11. Die Richter und Hilfsrichter werden für einen Zeitraum von sechs Jahren ernannt, gerechnet von dem Tage, wo der durch das Abkommen zur friedlichen Erledigung internationaler Streitfälle vom 29. Juli 1899 eingesetzte Verwaltungsrat von ihrer Ernennung Nachricht erhält. Ihre Wiederernennung ist zulässig.

Auszug aus der Schlußakte der Zweiten Haager Friedenskonferenz. 51

Im Falle des Todes oder des Rücktritts eines Richters oder Hilfsrichters erfolgt sein Ersatz in der für seine Ernennung vorgesehenen Weise. In diesem Falle geschieht die Ernennung für einen neuen Zeitraum von sechs Jahren.

Artikel 12. Die Richter des Internationalen Prisenhofs stehen einander gleich; sie erhalten ihren Rang nach dem Tage, an dem die Nachricht von ihrer Ernennung eingegangen ist (Artikel 11 Abf. 1), und wenn sie der Reihe nach zu einem Sitze berufen sind (Artikel 15 Abf. 2), nach dem Tage des Eintritts in ihre Amtstätigkeit. Ist der Tag derselbe, so gebührt der Vorrang dem der Geburt nach älteren.

Die Hilfsrichter sind bei der Ausübung ihres Amtes den Richtern selbst gleichgestellt. Doch haben sie ihren Rang hinter diesen.

Artikel 13. Die Richter genießen während der Ausübung ihres Amtes und außerhalb ihres Heimatlandes die diplomatischen Vorrechte und Befreiungen.

Die Richter haben, bevor sie ihren Sitz einnehmen, vor dem Verwaltungs= rat einen Eid zu leisten oder eine feierliche Versicherung abzugeben, daß sie ihr Amt unparteiisch und auf das gewissenhafteste ausüben werden.

Artikel 14. Der Prisenhof wird mit der Anzahl von fünfzehn Richtern besetzt; neun Richter genügen zur Beschlußfähigkeit.

Ein abwesender oder verhinderter Richter wird durch den Hilfsrichter ver= treten.

Artikel 15. Zu einem Sitze sind ständig berufen die Richter, die von den nachstehend bezeichneten Vertragsmächten ernannt sind: Deutschland, Vereinigte Staaten von Amerika, Österreich=Ungarn, Frankreich, Großbritannien, Italien, Japan und Rußland.

Die Richter und Hilfsrichter, die von den übrigen Vertragsmächten ernannt sind, sitzen der Reihe nach gemäß der diesem Abkommen beigefügten Liste; ihre Verrichtungen können nacheinander von derselben Person wahrgenommen werden. Derselbe Richter kann von mehreren dieser Mächte ernannt werden.

Artikel 16. Hat eine kriegführende Macht nach Maßgabe der Reihen= folge keinen im Prisenhofe sitzenden Richter, so kann sie verlangen, daß der von ihr ernannte Richter an der Aburteilung aller aus dem Kriege herrührenden Sachen teilnimmt. In diesem Falle entscheidet das Los, wer von den auf Grund der Reihenfolge sitzenden Richtern auszuscheiden hat. Dieser Ausschluß darf nicht den von dem anderen Kriegführenden ernannten Richter betreffen.

Artikel 17. Ein Richter kann seinen Sitz nicht einnehmen, wenn er in irgend einer Eigenschaft bei der Entscheidung der nationalen Gerichte mitgewirkt hat oder als Rechtsbeistand oder Anwalt einer Partei an dem Verfahren beteiligt gewesen ist.

Ein Richter oder Hilfsrichter darf während der ganzen Dauer seines Amtes weder als Agent noch als Anwalt vor dem Internationalen Prisenhof auftreten, noch dort für eine Partei in irgendwelcher Eigenschaft tätig sein.

Artikel 18. Die nehmende Kriegsmacht hat das Recht, einen höheren Marineoffizier zu bestellen, der als Beisitzer mit beratender Stimme an den Sitzungen teilnimmt. Dasselbe Recht steht der neutralen Macht zu, die selbst Prozeßpartei ist, sowie der Macht, deren Angehöriger Prozeßpartei ist; wenn nach dieser letzten Bestimmung mehrere beteiligte Mächte vorhanden sind, so haben sie sich, nötigenfalls durch das Los, über den zu bestellenden Offizier zu verständigen.

Artikel 19. Der Prisenhof wählt seinen Präsidenten und seinen Vizepräsidenten nach der absoluten Mehrheit der abgegebenen Stimmen. Nach zwei Wahlgängen erfolgt die Wahl nach relativer Mehrheit; bei Stimmengleichheit entscheidet das Los.

Artikel 20. Die Richter des Internationalen Prisenhofs erhalten eine Reisevergütung, die nach den Vorschriften ihres Heimatlandes zu bemessen ist; sie beziehen ferner während der Tagung oder während der Wahrnehmung einer ihnen vom Prisenhof übertragenen Verrichtung einen Betrag von täglich hundert niederländischen Gulden.

Diese Gebührnisse gehören zu den im Artikel 47 vorgesehenen allgemeinen Kosten des Prisenhofs und werden durch Vermittlung des durch das Abkommen vom 29. Juli 1899 errichteten Internationalen Bureaus ausgezahlt.

Die Richter dürfen als Mitglieder des Prisenhofs weder von ihrer eigenen Regierung noch von der einer anderen Macht irgend eine Vergütung annehmen.

Artikel 21. Der Internationale Prisenhof hat seinen Sitz im Haag und kann diesen, abgesehen von dem Falle höherer Gewalt, nur mit Zustimmung der kriegführenden Teile nach einem anderen Orte verlegen.

Artikel 22. Der Verwaltungsrat versieht, unter ausschließlicher Mitwirkung der Vertreter der Vertragsmächte, in Ansehung des Internationalen Prisenhofs dieselben Verrichtungen, die er in Ansehung des Ständigen Schiedshofs versieht.

Artikel 23. Das Internationale Bureau dient dem Internationalen Prisenhof als Gerichtsschreiberei und hat sein Geschäftslokal und seine Geschäftseinrichtung dem Prisenhofe zur Verfügung zu stellen. Es hat das Archiv unter seiner Obhut und besorgt alle Verwaltungsgeschäfte.

Der Generalsekretär des Internationalen Bureaus versieht die Verrichtungen eines Gerichtsschreibers.

Die dem Gerichtsschreiber beizugebenden Sekretäre sowie die erforderlichen Übersetzer und Stenographen werden vom Prisenhof ernannt und vereidigt.

Artikel 24. Der Prisenhof entscheidet über die Wahl der Sprache, deren er sich bedienen wird, und der Sprachen, deren Gebrauch vor ihm gestattet sein soll.

In jedem Falle kann die amtliche Sprache der nationalen Gerichte, die in der Sache erkannt haben, vor dem Prisenhofe gebraucht werden.

Artikel 25. Die beteiligten Mächte haben das Recht, besondere Agenten zu bestellen mit der Aufgabe, zwischen ihnen und dem Prisenhof als Mittelspersonen zu dienen. Sie sind außerdem berechtigt, mit der Wahrnehmung ihrer Rechte und Interessen Rechtsbeistände oder Anwälte zu betrauen.

Artikel 26. Die beteiligte Privatperson hat sich vor dem Prisenhofe durch einen Bevollmächtigten vertreten zu lassen; dieser muß entweder ein Advokat sein, der vor einem Berufungsgericht oder einem obersten Gericht eines der Vertragsländer aufzutreten befugt ist, oder ein Anwalt, der bei einem solchen Gerichte tätig ist, oder endlich ein Lehrer des Rechtes an einer Hochschule eines dieser Länder.

Artikel 27. Der Prisenhof kann sich zur Bewirkung aller Zustellungen, insbesondere an die Parteien, Zeugen und Sachverständigen, unmittelbar an die Regierung der Macht wenden, in deren Gebiete die Zustellung erfolgen soll. Das gleiche gilt, wenn es sich um die Herbeiführung irgend einer Beweisaufnahme handelt.

Die zu diesem Zwecke erlassenen Ersuchen sind nach Maßgabe derjenigen Mittel zu erledigen, über welche die ersuchte Macht nach ihrer inneren Gesetzgebung verfügt. Sie können nur abgelehnt werden, wenn diese Macht sie für geeignet hält, ihre Hoheitsrechte oder ihre Sicherheit zu gefährden. Wird dem Ersuchen stattgegeben, so dürfen die Kosten nur die Auslagen begreifen, die durch die Erledigung wirklich entstanden sind.

Dem Prisenhofe steht gleicherweise frei, die Vermittlung der Macht in Anspruch zu nehmen, in deren Gebiet er seinen Sitz hat.

Die Zustellungen an die Parteien, die an dem Orte erfolgen sollen, wo der Prisenhof seinen Sitz hat, können durch das Internationale Bureau bewirkt werden.

Dritter Titel.
Verfahren vor dem Internationalen Prisenhofe.

Artikel 28. Der Rekurs an den Internationalen Prisenhof wird mittels einer schriftlichen Erklärung eingelegt, die entweder bei dem nationalen Gerichte, das in der Sache erkannt hat, angebracht oder an das Internationale Bureau gerichtet werden muß; das Bureau kann auch telegraphisch angegangen werden.

Die Rekursfrist wird auf 120 Tage festgesetzt, gerechnet von dem Tage, an dem die Entscheidung verkündet oder zugestellt worden ist (Artikel 2 Abs. 2).

Artikel 29. Ist die Rekurserklärung bei dem nationalen Gericht angebracht, so hat dieses, ohne zu prüfen, ob die Frist gewahrt ist, binnen der folgenden sieben Tage die Prozeßakten an das Internationale Bureau abzusenden.

Ist die Rekurserklärung an das Internationale Bureau gerichtet, so benachrichtigt dieses das nationale Gericht unmittelbar, und zwar, wenn es möglich ist, telegraphisch. Das Gericht hat alsdann die Akten nach Maßgabe des vorstehenden Absatzes zu übersenden.

Ist der Rekurs von einer neutralen Privatperson eingelegt, so benachrichtigt das Internationale Bureau unmittelbar mittels Telegramms die Macht, der die Privatperson angehört, um dieser Macht zu ermöglichen, von dem ihr nach Artikel 4 Nr. 2 zustehenden Rechte Gebrauch zu machen.

Artikel 30. In dem Falle des Artikel 6 Abs. 2 kann der Rekurs nur bei dem Internationalen Bureau angebracht werden. Die Einlegung muß binnen dreißig Tagen nach Ablauf der zweijährigen Frist erfolgen.

Artikel 31. Ist die Berufung nicht innerhalb der im Artikel 28 oder im Artikel 30 vorgesehenen Frist eingelegt, so wird die Partei ohne Verhandlung abgewiesen.

Doch kann der Partei, wenn sie eine Behinderung durch höhere Gewalt nachweist und den Rekurs binnen sechzig Tagen nach Hebung dieser Behinderung eingelegt hat, die Wiedereinsetzung in den vorigen Stand erteilt werden, die Gegenpartei ist vorher gebührend zu hören.

Artikel 32. Ist der Rekurs rechtzeitig eingelegt, so stellt der Prisenhof unverzüglich der Gegenpartei eine beglaubigte Abschrift der Erklärung von Amts wegen zu.

Artikel 33. Wenn außer den Parteien, die sich an den Prisenhof gewandt haben, andere zur Einlegung des Rekurses Berechtigte vorhanden sind oder wenn in dem Falle des Artikel 29 Abs. 3 die benachrichtigte Macht ihre Entschließung nicht kundgegeben hat, so wartet der Prisenhof mit der Aufnahme der Sache bis zum Ablaufe der im Artikel 28 oder der im Artikel 30 vorgesehenen Frist.

Artikel 34. Das Verfahren vor dem Internationalen Prisenhofe zerfällt in zwei gesonderte Abschnitte: das schriftliche Vorverfahren und die mündliche Verhandlung.

Das schriftliche Vorverfahren besteht in der Niederlegung und in dem Wechsel von Schriftsätzen, Gegenschriftsätzen und etwa weiter erforderlichen Rückäußerungen, wofür die Reihenfolge und die Fristen von dem Prisenhofe bestimmt werden. Die Parteien fügen alle Aktenstücke und Urkunden bei, deren sie sich bedienen wollen.

Jedes von einer Partei vorgelegte Schriftstück ist der anderen Partei durch Vermittlung des Prisenhofs in beglaubigter Abschrift mitzuteilen.

Artikel 35. Nach Beendigung des schriftlichen Vorverfahrens findet eine öffentliche Sitzung statt, deren Tag von dem Prisenhofe bestimmt wird.

In dieser Sitzung legen die Parteien den Stand der Sache in tatsächlicher und rechtlicher Beziehung dar.

Der Prisenhof kann in jeder Lage des Verfahrens auf Antrag einer Partei oder von Amts wegen die Vorträge unterbrechen, um eine Ergänzung der Beweisaufnahme herbeizuführen.

Artikel 36. Der Internationale Prisenhof kann anordnen, daß die ergänzende Beweisaufnahme entweder nach den Bestimmungen des Artikel 27 oder, sofern dies ohne Anwendung von Zwang oder Strafe möglich ist, vor ihm selbst oder vor einem oder mehreren seiner Mitglieder stattfindet.

Wenn zum Zwecke einer Beweisaufnahme Handlungen von Mitgliedern des Prisenhofs außerhalb des Landes, wo er seinen Sitz hat, vorgenommen werden sollen, so muß die Zustimmung der fremden Regierung eingeholt werden.

Artikel 37. Die Parteien werden zu allen Prozeßverhandlungen geladen. Sie erhalten beglaubigte Abschrift der Protokolle.

Artikel 38. Die Verhandlung wird von dem Präsidenten oder Vizepräsidenten und im Falle der Abwesenheit oder Verhinderung beider von dem im Range ältesten der anwesenden Richter geleitet.

Der von einer Kriegspartei ernannte Richter kann nicht Vorsitzender sein.

Artikel 39. Die Verhandlung ist öffentlich; doch hat jede an dem Rechtsstreite beteiligte Macht das Recht, den Ausschluß der Öffentlichkeit zu verlangen.

Über die Verhandlung wird ein Protokoll aufgenommen, das von dem Vorsitzenden und dem Gerichtsschreiber unterzeichnet wird und das allein öffentliche Beweiskraft hat.

Artikel 40. Ist eine Partei trotz ordnungsmäßiger Ladung nicht erschienen oder versäumt sie die von dem Prisenhofe festgesetzten Fristen, so wird ohne sie verfahren und entscheidet der Prisenhof unter Berücksichtigung des ihm zur Verfügung stehenden Materials.

Artikel 41. Der Prisenhof stellt den Parteien von Amts wegen alle Entscheidungen und Beschlüsse zu, die in ihrer Abwesenheit ergangen sind.

Artikel 42. Der Prisenhof hat den Inbegriff des Akteninhalts, der Beweise und der mündlichen Erklärungen frei zu würdigen.

Artikel 43. Die Beratung des Prisenhofs erfolgt nicht öffentlich und bleibt geheim.

Jede Entscheidung ergeht nach der Mehrheit der anwesenden Richter. Wenn sich bei einer geraden Zahl von Richtern Stimmengleichheit ergibt, so wird die Stimme des nach Artikel 12 Abs. 1 im Range jüngsten Richters nicht mitgezählt.

Artikel 44. Das Urteil des Prisenhofs ist mit Gründen zu versehen. Es enthält die Namen der Richter, die daran teilgenommen haben, sowie gegebenenfalls die Namen der Beisitzer; es wird von dem Vorsitzenden und dem Gerichtsschreiber unterzeichnet.

Artikel 45. Das Urteil wird in öffentlicher Sitzung in Gegenwart oder nach gehöriger Ladung der Parteien verkündet; es wird den Parteien von Amts wegen zugestellt.

Nach Bewirkung dieser Zustellung hat der Prisenhof dem nationalen Prisengerichte die Prozeßakten unter Beifügung einer Ausfertigung aller ergangenen Entscheidungen sowie einer Abschrift der Verhandlungsprotokolle zu übersenden.

Artikel 46. Jede Partei trägt die Kosten der eigenen Verteidigung. Die unterliegende Partei trägt außerdem die Kosten des Verfahrens. Sie hat ferner eins vom Hundert des Wertes des Streitgegenstandes als Beitrag zu den allgemeinen Kosten des Internationalen Prisenhofs zu zahlen. Der Betrag dieser Zahlungen wird in dem Urteile des Prisenhofs bestimmt.

Ist der Rekurs von einer Privatperson eingelegt, so hat diese bei dem Internationalen Bureau für die Erfüllung der sie nach dem vorstehenden Absatz etwa treffenden beiden Verpflichtungen eine Sicherheit zu bestellen, deren Betrag von dem Prisenhofe festzusetzen ist. Der Prisenhof kann die Eröffnung des Verfahrens von der Leistung dieser Sicherheit abhängig machen.

Artikel 47. Die allgemeinen Kosten des Internationalen Prisenhofs werden von den Vertragsmächten getragen, und zwar nach Verhältnis ihrer Beteiligung an der Tätigkeit des Prisenhofs, wie solche im Artikel 15 und in der ihm beigefügten Liste vorgesehen ist. Die Bestellung von Hilfsrichtern gibt keinen Anlaß zur Beitragsleistung.

Der Verwaltungsrat wendet sich an die Mächte, um die für die Tätigkeit des Prisenhofs erforderlichen Beträge zu erhalten.

Artikel 48. Ist der Prisenhof nicht versammelt, so werden die ihm durch Artikel 32, Artikel 34 Abs. 2, 3, Artikel 35 Abs. 1, Artikel 46 Abs. 3 übertragenen Verrichtungen durch eine Delegation von drei Richtern wahrgenommen, die von dem Prisenhofe bestimmt werden. Die Delegation entscheidet nach Stimmenmehrheit.

Artikel 49. Der Prisenhof stellt selbst seine Geschäftsordnung fest, die den Vertragsmächten mitzuteilen ist.

Binnen einem Jahre von der Ratifikation dieses Abkommens an wird er zur Ausarbeitung der Geschäftsordnung zusammentreten.

Artikel 50. Der Prisenhof kann Abänderungen der das Verfahren betreffenden Bestimmung dieses Abkommens vorschlagen. Diese Vorschläge werden durch Vermittlung der Regierung der Niederlande den Vertragsmächten mitgeteilt, die sich über die ihnen zu gebende Folge verständigen werden.

Vierter Titel.
Schlußbestimmungen.

Artikel 51. Dieses Abkommen findet ohne weiteres nur dann Anwendung, wenn die kriegführenden Mächte sämtlich Vertragsparteien sind.

Es versteht sich überdies, daß der Rekurs an den Internationalen Prisenhof nur von einer Vertragsmacht oder dem Angehörigen einer Vertragsmacht eingelegt werden kann.

In den Fällen des Artikel 5 ist der Rekurs nur zulässig, wenn gleichermaßen der Eigentümer wie der Nebenbeteiligte Vertragsmächte oder Angehörige von Vertragsmächten sind.

Artikel 52. Dieses Abkommen soll ratifiziert und die Ratifikationsurkunden sollen im Haag hinterlegt werden, sobald sämtliche im Artikel 15 und in dessen Anlage aufgeführten Mächte hierzu in der Lage sind.

Immerhin hat die Hinterlegung der Ratifikationsurkunden am 30. Juni 1909 stattzufinden, wenn alsdann die zur Ratifizierung bereiten Mächte dem Prisenhofe neun Richter und neun Hilfsrichter, wie sie zu dessen wirksamer Besetzung geeignet sind, stellen können. Andernfalls wird die Hinterlegung bis zur Erfüllung dieser Bedingung vertagt.

Über die Hinterlegung der Ratifikationsurkunden soll ein Protokoll aufgenommen werden; von diesem soll beglaubigte Abschrift allen im Abs. 1 bezeichneten Mächten auf diplomatischem Wege mitgeteilt werden.

Artikel 53. Die im Artikel 15 und in dessen Anlage bezeichneten Mächte sollen zur Zeichnung dieses Abkommens bis zu der im Abs. 2 des vorstehenden Artikels vorgesehenen Hinterlegung der Ratifikationsurkunden zugelassen werden.

Nach dieser Hinterlegung soll ihnen der vorbehaltlose Beitritt zu dem Abkommen stets freistehen. Die Macht, welche beizutreten wünscht, hat ihre Absicht der Regierung der Niederlande schriftlich anzuzeigen und ihr dabei die Beitrittsurkunde zu übersenden, die im Archive der genannten Regierung zu hinterlegen ist. Diese wird auf diplomatischem Wege beglaubigte Abschrift der Anzeige und der Beitrittsurkunde allen im Abs. 1 bezeichneten Mächten übersenden und ihnen zugleich bekanntgeben, an welchem Tage sie die Anzeige erhalten hat.

Artikel 54. Dieses Abkommen tritt sechs Monate nach der im Artikel 52 Abs. 1, 2 vorgesehenen Hinterlegung der Ratifikationsurkunden in Kraft.

Ein Beitritt wird wirksam sechzig Tage, nachdem die Anzeige davon bei der Regierung der Niederlande eingegangen ist, frühestens aber nach Ablauf der im vorstehenden Absatze vorgesehenen Frist.

Der Internationale Prisenhof ist jedoch zur Aburteilung solcher Prisensachen zuständig, die von der nationalen Gerichtsbarkeit nach Hinterlegung der Ratifikationsurkunden oder nach Eingang der Anzeige vom Beitritt entschieden worden sind. Für diese Entscheidungen wird die im Artikel 28 Abs. 2 bestimmte Frist erst von dem Tage an gerechnet, an dem das Abkommen für die ratifizierenden oder beitretenden Mächte in Kraft getreten ist.

Artikel 55. Dieses Abkommen gilt für die Dauer von zwölf Jahren, gerechnet von seiner Inkraftsetzung, wie sie im Artikel 54 Abs. 1 vorgesehen ist, und zwar auch für diejenigen Mächte, die später beigetreten sind.

In Ermanglung einer Kündigung gilt das Abkommen als stillschweigend von sechs zu sechs Jahren erneuert.

Die Kündigung muß wenigstens ein Jahr vor dem Ablaufe der in den beiden vorstehenden Absätzen vorgesehenen Zeiträume der Regierung der Niederlande schriftlich erklärt werden, die hiervon allen anderen Vertragsparteien Kenntnis geben wird.

Die Kündigung soll nur in Ansehung der Macht wirksam sein, die sie erklärt hat. Für die übrigen Vertragsmächte bleibt das Abkommen bestehen, vorausgesetzt, daß ihre Beteiligung an der Bestellung der Richter genügt, um die Tätigkeit des Gerichts mit neun Richtern und neun Hilfsrichtern zu ermöglichen.

Artikel 56. Falls dieses Abkommen nicht für alle Mächte Geltung hat, die im Artikel 15 und in der dazugehörigen Liste aufgeführt sind, stellt der Verwaltungsrat gemäß den Bestimmungen dieses Artikels und dieser Liste das Verzeichnis der Richter und Hilfsrichter auf, mit denen die Vertragsmächte an der Tätigkeit des Prisenhofes teilnehmen. Die Richter, die der Reihe nach zu sitzen berufen sind, werden alsdann für die ihnen nach der vorstehend erwähnten Liste zukommende Zeit auf die verschiedenen Jahre des sechsjährigen Zeitraums derart verteilt, daß der Prisenhof soweit wie möglich in jedem Jahre mit gleicher Anzahl besetzt ist. Überschreitet die Zahl der Hilfsrichter diejenige der Richter, so ist die Zahl der letzteren durch das Los aus den Hilfsrichtern der Mächte zu ergänzen, die keinen Richter ernennen.

Das hiernach vom Verwaltungsrat aufgestellte Verzeichnis soll den Vertragsmächten mitgeteilt werden. Es soll einer Durchsicht unterzogen werden, wenn sich die Zahl der Vertragsmächte durch einen Beitritt oder eine Kündigung ändert.

Die durch einen Beitritt bedingte Änderung soll mit dem 1. Januar nach dem Tage, an dem der Beitritt wirksam wird, in Kraft treten, es sei denn, daß die beitretende Macht eine kriegführende Macht ist; in diesem Falle kann sie beanspruchen, sofort im Prisenhofe vertreten zu sein, wobei im übrigen die Bestimmung des Artikel 16 gegebenenfalls Anwendung findet.

Wenn die Gesamtzahl der Richter weniger als elf beträgt, so genügen sieben Richter zur Beschlußfähigkeit.

Artikel 57. Zwei Jahre vor Ablauf eines jeden der im Artikel 55 Abs. 1, 2 vorgesehenen Zeiträume kann jede Vertragsmacht eine Abänderung der Bestimmungen des Artikel 15 und der ihr beigefügten Liste in Ansehung ihrer Beteiligung an der Tätigkeit des Prisenhofs beantragen. Dieser Antrag ist an den Verwaltungsrat zu richten, der ihn prüfen und allen Mächten Vorschläge über die ihm zu gebende Folge unterbreiten wird. Die Mächte werden ihre Entschließung in möglichst kurzer Frist dem Verwaltungsrate bekanntgeben. Das Ergebnis soll unverzüglich und wenigstens ein Jahr und dreißig Tage vor Ablauf der erwähnten zweijährigen Frist der Macht, welche den Antrag gestellt hat, mitgeteilt werden.

Zutreffendenfalls treten die von den Mächten angenommenen Abänderungen mit dem Beginne des neuen Zeitraums in Kraft.

Auszug aus der Schlußakte der Zweiten Haager Friedenskonferenz. 59

Anlage zum Artikel 15.

Länderweise Verteilung der Richter und Hilfsrichter auf die einzelnen Jahre des sechsjährigen Zeitraums.

	Richter	Hilfsrichter		Richter	Hilfsrichter
	\ Erstes Jahr.			Viertes Jahr	
1	Argentinien	Paraguay	1	Brasilien	Guatemala
2	Kolumbien	Bolivien	2	China	Türkei
3	Spanien	Spanien	3	Spanien	Portugal
4	Griechenland	Rumänien	4	Peru	Honduras
5	Norwegen	Schweden	5	Rumänien	Griechenland
6	Niederlande	Belgien	6	Schweden	Dänemark
7	Türkei	Persien.	7	Schweiz	Niederlande
	Zweites Jahr.			Fünftes Jahr	
1	Argentinien	Panama	1	Belgien	Niederlande
2	Spanien	Spanien	2	Bulgarien	Montenegro
3	Griechenland	Rumänien	3	Chile	Nikaragua
4	Norwegen	Schweden	4	Dänemark	Norwegen
5	Niederlande	Belgien	5	Mexiko	Kuba
6	Türkei	Luxemburg	6	Persien	China
7	Uruguay	Kostarika	7	Portugal	Spanien
	Drittes Jahr.			Sechstes Jahr	
1	Brasilien	Domingo	1	Belgien	Niederlande
2	China	Türkei	2	Chile	Salvador
3	Spanien	Portugal	3	Dänemark	Norwegen
4	Niederlande	Schweiz	4	Mexiko	Ekuador
5	Rumänien	Griechenland	5	Portugal	Spanien
6	Schweden	Dänemark	6	Serbien	Bulgarien
7	Venezuela	Haïti	7	Siam	China

XIII. Abkommen, betreffend die Rechte und Pflichten der Neutralen im Falle eines Seekriegs.

Artikel 1. Die Kriegführenden sind verpflichtet, die Hoheitsrechte der neutralen Mächte zu achten und sich in deren Gebiet und Gewässern jeder Handlung zu enthalten, welche auf seiten der Mächte, die sie dulden, eine Verletzung ihrer Neutralität darstellen würde.

Artikel 2. Alle von Kriegsschiffen der Kriegführenden innerhalb der Küstengewässer einer neutralen Macht begangenen Feindseligkeiten, mit Einschluß der Wegnahme und der Ausübung des Durchsuchungsrechts, stellen eine Neutralitätsverletzung dar und sind unbedingt untersagt.

Artikel 3. Ist ein Schiff innerhalb der Küstengewässer einer neutralen Macht weggenommen worden, so hat diese Macht, sofern sich die Prise noch in ihrem Hoheitsbereiche befindet, die ihr zur Verfügung stehenden Mittel anzuwenden, um die Befreiung der Prise mit ihren Offizieren und ihrer Mannschaft herbeizuführen und die von dem Wegnehmenden auf die Prise gelegte Besatzung bei sich festzuhalten.

Befindet sich die Prise außerhalb des Hoheitsbereichs der neutralen Macht, so hat auf Verlangen dieser Macht die nehmende Regierung die Prise mit ihren Offizieren und ihrer Mannschaft freizugeben.

Artikel 4. Von einem Kriegführenden darf auf neutralem Gebiet oder auf einem Schiffe in neutralen Gewässern kein Prisengericht gebildet werden.

Artikel 5. Den Kriegführenden ist es untersagt, neutrale Häfen oder Gewässer zu einem Stützpunkte für Seekriegsunternehmungen gegen ihre Gegner zu machen, insbesondere dort funkentelegraphische Stationen oder sonst irgend eine Anlage einzurichten, die bestimmt ist, einen Verkehr mit den kriegführenden Land- oder Seestreitkräften zu vermitteln.

Artikel 6. Die von einer neutralen Macht an eine kriegführende Macht aus irgendwelchem Grunde unmittelbar oder mittelbar bewirkte Abgabe von Kriegsschiffen, Munition oder sonstigem Kriegsmaterial ist untersagt.

Artikel 7. Eine neutrale Macht ist nicht verpflichtet, die für Rechnung des einen oder des anderen Kriegführenden erfolgende Ausfuhr oder Durchfuhr von Waffen, von Munition sowie überhaupt von allem, was einem Heere oder einer Flotte von Nutzen sein kann, zu verhindern.

Artikel 8. Eine neutrale Regierung ist verpflichtet, die ihr zur Verfügung stehenden Mittel anzuwenden, um in ihrem Hoheitsbereiche die Ausrüstung oder Bewaffnung jedes Schiffes zu verhindern, bei dem sie triftige Gründe für die Annahme hat, daß es zum Kreuzen oder zur Teilnahme an feindlichen Unternehmungen gegen eine Macht, mit der sie im Frieden lebt, bestimmt ist. Sie ist ferner verpflichtet, dieselbe Überwachung auszuüben, um zu verhindern, daß aus ihrem Hoheitsbereich irgend ein zum Kreuzen oder zur Teilnahme an feindlichen Unternehmungen bestimmtes Schiff ausläuft, das innerhalb ihres Hoheitsbereichs ganz oder teilweise zum Kriegsgebrauche hergerichtet worden ist.

Artikel 9. Eine neutrale Macht muß die Bedingungen, Beschränkungen oder Verbote, die sie für die Zulassung von Kriegsschiffen oder Prisen der Kriegführenden in ihre Häfen, Reeden oder Küstengewässer aufgestellt hat, auf beide Kriegführende gleichmäßig anwenden.

Doch kann eine neutrale Macht den Zutritt zu ihren Häfen und ihren Reeden einem Kriegsschiffe untersagen, das sich den von ihr ergangenen Aufforderungen und Anweisungen nicht gefügt oder die Neutralität verletzt hat.

Artikel 10. Die Neutralität einer Macht wird durch die bloße Durchfahrt der Kriegsschiffe und Prisen der Kriegführenden durch ihre Küstengewässer nicht beeinträchtigt.

Artikel 11. Eine neutrale Macht darf zulassen, daß die Kriegsschiffe der Kriegführenden sich ihrer bestallten Lotsen bedienen.

Artikel 12. Sofern die Gesetzgebung der neutralen Macht nicht anderweitige besondere Bestimmungen enthält, ist es den Kriegsschiffen der Kriegführenden, abgesehen von den in diesem Abkommen vorgesehenen Fällen, untersagt, sich innerhalb der Häfen, Reeden oder Küstengewässer einer solchen Macht länger als vierundzwanzig Stunden aufzuhalten.

Artikel 13. Erfährt eine Macht, die vom Beginne der Feindseligkeiten benachrichtigt ist, daß sich innerhalb ihrer Häfen, Reeden oder Küstengewässer ein Kriegsschiff eines Kriegführenden aufhält, so hat sie das Schiff aufzufordern, binnen vierundzwanzig Stunden oder in der durch das Ortsgesetz vorgeschriebenen Frist auszulaufen.

Artikel 14. Kriegsschiffe von Kriegführenden dürfen ihren Aufenthalt in einem neutralen Hafen über die gesetzliche Dauer hinaus nur aus Anlaß von Beschädigungen oder wegen des Zustandes der See verlängern. Sie müssen auslaufen, sobald die Ursache der Verzögerung fortgefallen ist.

Die Regeln über die Beschränkung des Aufenthalts innerhalb neutraler Häfen, Reeden und Gewässer gelten nicht für Kriegsschiffe, die ausschließlich religiösen, wissenschaftlichen oder menschenfreundlichen Aufgaben dienen.

Artikel 15. Sofern die Gesetzgebung der neutralen Macht nicht anderweitige besondere Bestimmungen enthält, dürfen sich höchstens drei Kriegsschiffe eines Kriegführenden zu gleicher Zeit innerhalb eines ihrer Häfen oder einer ihrer Reeden befinden.

Artikel 16. Befinden sich innerhalb eines neutralen Hafens oder einer neutralen Reede gleichzeitig Kriegsschiffe beider Kriegführenden, so müssen zwischen dem Auslaufen von Schiffen des einen und des anderen Kriegführenden mindestens vierundzwanzig Stunden verflossen sein.

Die Reihenfolge des Auslaufens bestimmt sich nach der Reihenfolge der Ankunft, es sei denn, daß sich das zuerst angekommene Schiff in einer Lage befindet, wo die Verlängerung der gesetzlichen Aufenthaltsdauer zugelassen ist.

Kriegsschiffe von Kriegführenden dürfen einen neutralen Hafen oder eine neutrale Reede nicht früher als vierundzwanzig Stunden nach dem Auslaufen eines die Flagge ihres Gegners führenden Kauffahrteischiffs verlassen.

Artikel 17. Innerhalb neutraler Häfen und Reeden dürfen die Kriegsschiffe von Kriegführenden ihre Schäden nur in dem für die Sicherheit ihrer Schiffahrt unerläßlichen Maße ausbessern, nicht aber in irgendwelcher Weise ihre militärische Kraft erhöhen. Die neutrale Behörde hat die Art der vorzunehmenden Ausbesserungen festzustellen, die so schnell wie möglich auszuführen sind.

Artikel 18. Die Kriegsschiffe von Kriegführenden dürfen die neutralen Häfen, Reeden und Küstengewässer nicht benutzen, um ihre militärischen Vorräte oder ihre Armierung zu erneuern oder zu verstärken sowie um ihre Besatzung zu ergänzen.

Artikel 19. Die Kriegsschiffe von Kriegführenden dürfen innerhalb neutraler Häfen und Reeden nur so viel Lebensmittel einnehmen, um ihren Vorrat auf den regelmäßigen Friedensbestand zu ergänzen.

Ebenso dürfen diese Schiffe nur so viel Feuerungsmaterial einnehmen, um den nächsten Hafen ihres Heimatlandes zu erreichen. Sie können übrigens das zur vollständigen Füllung ihrer eigentlichen Kohlenbunker erforderliche Feuerungsmaterial einnehmen, wenn sie sich in neutralen Ländern befinden, die diese Art der Bemessung des zu liefernden Feuerungsmaterials angenommen haben.

Wenn die Schiffe nach den Gesetzen der neutralen Macht erst vierundzwanzig Stunden nach ihrer Ankunft Kohlen erhalten, so verlängert sich für sie die gesetzliche Aufenthaltsdauer um vierundzwanzig Stunden.

Artikel 20. Die Kriegsschiffe von Kriegführenden, die in dem Hafen einer neutralen Macht Feuerungsmaterial eingenommen haben, dürfen ihren Vorrat in einem Hafen derselben Macht erst nach drei Monaten erneuern.

Artikel 21. Eine Prise darf nur wegen Seeuntüchtigkeit, wegen ungünstiger See sowie wegen Mangels an Feuerungsmaterial oder an Vorräten in einen neutralen Hafen gebracht werden.

Sie muß wieder auslaufen, sobald die Ursache, die das Einlaufen rechtfertigte, weggefallen ist. Tut sie dies nicht, so muß ihr die neutrale Macht eine Aufforderung zum sofortigen Auslaufen zukommen lassen; sollte sie dieser nicht nachkommen, so muß die neutrale Macht die ihr zur Verfügung stehenden Mittel anwenden, um die Befreiung der Prise mit ihren Offizieren und ihrer Mannschaft herbeizuführen sowie um die von dem Wegnehmenden auf die Prise gelegte Besatzung bei sich festzuhalten.

Artikel 22. Die neutrale Macht muß ebenso die Befreiung solcher Prisen herbeiführen, die bei ihr eingebracht worden sind, ohne daß die im Artikel 21 vorgesehenen Voraussetzungen vorliegen.

Artikel 23. Eine neutrale Macht kann Prisen, sei es mit, sei es ohne Begleitung, den Zutritt zu ihren Häfen und Reeden gestatten, wenn sie dorthin gebracht werden, um bis zur Entscheidung des Prisengerichts in Verwahrung gehalten zu werden. Sie kann die Prise in einen anderen ihrer Häfen führen lassen.

Wenn die Prise von einem Kriegsschiffe begleitet wird, so sind die von dem Wegnehmenden auf die Prise gelegten Offiziere und Mannschaften befugt, sich auf das begleitende Schiff zu begeben.

Fährt die Prise allein, so ist die von dem Wegnehmenden auf die Prise gelegte Besatzung in Freiheit zu lassen.

Artikel 24. Wenn Kriegsschiffe von Kriegführenden einen Hafen, wo sie zu bleiben nicht berechtigt sind, trotz der Aufforderung der neutralen Behörde nicht verlassen, so hat die neutrale Macht das Recht, die ihr erforderlich scheinenden Maßnahmen zu treffen, um ein solches Schiff unfähig zu machen, während der Dauer des Krieges in See zu gehen; der Befehlshaber des Schiffes soll die Ausführung dieser Maßnahmen erleichtern.

Werden Kriegsschiffe von Kriegführenden durch eine neutrale Macht festgehalten, so werden die Offiziere und die Mannschaft gleichfalls festgehalten.

Die so festgehaltenen Offiziere und Mannschaften können auf dem Schiffe gelassen oder auf einem anderen Schiffe oder an Land untergebracht werden; sie können beschränkenden Maßregeln, deren Auferlegung nötig erscheint, unterworfen werden. Doch sind auf dem Schiffe immer die zu seiner Instandhaltung notwendigen Leute zu belassen.

Die Offiziere können freigelassen werden, wenn sie sich durch Ehrenwort verpflichten, das neutrale Gebiet nicht ohne Erlaubnis zu verlassen.

Artikel 25. Eine neutrale Macht ist verpflichtet, nach Maßgabe der ihr zur Verfügung stehenden Mittel die erforderliche Aufsicht auszuüben, um innerhalb ihrer Häfen, Reeden und Gewässer jede Verletzung der vorstehenden Bestimmungen zu verhindern.

Artikel 26. Die Ausübung der in diesem Abkommen festgestellten Rechte durch eine neutrale Macht darf niemals von dem einen oder dem anderen Kriegführenden, der die in Betracht kommenden Artikel angenommen hat, als unfreundliche Handlung angesehen werden.

Artikel 27. Die Vertragsmächte werden einander zu gegebener Zeit alle Gesetze, Verordnungen und sonstigen Bestimmungen über die Behandlung der

Kriegsschiffe von Kriegführenden in ihren Häfen und ihren Gewässern mitteilen, und zwar mittels einer an die Regierung der Niederlande gerichteten Benachrichtigung, die von dieser unverzüglich allen anderen Vertragsmächten übermittelt wird.

Artikel 28. Die Bestimmungen dieses Abkommens finden nur zwischen den Vertragsmächten Anwendung und nur dann, wenn die Kriegführenden sämtlich Vertragsparteien sind.

Artikel 29 bis 33.

XIV. Erklärung, betreffend das Verbot des Werfens von Geschossen und Sprengstoffen aus Luftschiffen.

Die Vertragsmächte sind dahin übereingekommen, daß für einen bis zum Schlusse der Dritten Friedenskonferenz reichenden Zeitraum das Werfen von Geschossen und Sprengstoffen aus Luftschiffen oder auf anderen ähnlichen neuen Wegen verboten ist.

Diese Erklärung ist für die Vertragsmächte nur bindend im Falle eines Krieges zwischen zwei oder mehreren von ihnen.

Sie hört mit dem Augenblick auf, verbindlich zu sein, wo in einem Kriege zwischen Vertragsmächten eine Nichtvertragsmacht sich einer der Kriegsparteien anschließt.

Diese Erklärung soll möglichst bald ratifiziert werden.

Die Ratifikationsurkunden sollen im Haag hinterlegt werden.

Über die Hinterlegung der Ratifikationsurkunden soll ein Protokoll aufgenommen werden; von diesem soll beglaubigte Abschrift allen Vertragsmächten auf diplomatischem Wege mitgeteilt werden.

Die Nichtsignatarmächte können dieser Erklärung beitreten. Sie haben zu diesem Zwecke ihren Beitritt den Vertragsmächten durch eine schriftliche Anzeige bekanntzugeben, die an die Regierung der Niederlande zu richten und von dieser allen anderen Vertragsmächten mitzuteilen ist.

Falls einer der hohen vertragschließenden Teile diese Erklärung kündigen sollte, würde diese Kündigung erst ein Jahr nach der schriftlich an die Regierung der Niederlande ergehenden und von dieser allen anderen Vertragsmächten unverzüglich mitzuteilenden Benachrichtigung wirksam werden.

Diese Kündigung soll nur in Ansehung der Macht wirksam sein, die sie erklärt hat.

Auszug aus der Schlußakte der Zweiten Haager Friedenskonferenz.

Anlage zu dem von der Zweiten Friedenskonferenz geäußerten ersten Wunsche.

Entwurf eines Abkommens über die Errichtung eines Schiedsgerichtshofs.

Erster Titel.
Verfassung des Schiedsgerichtshofs.

Artikel 1. Um die Sache der Schiedssprechung zu fördern, kommen die Vertragsmächte überein, ohne Beeinträchtigung des Ständigen Schiedshofs einen Schiedsgerichtshof einzurichten, zu dem der Zugang frei und leicht ist, der sich zusammensetzt aus Richtern, welche die verschiedenen Rechtssysteme der Welt vertreten, und der imstande ist, die Stetigkeit der schiedsgerichtlichen Rechtsprechung sicherzustellen.

Artikel 2. Der Schiedsgerichtshof besteht aus Richtern und Hilfsrichtern; sie sind zu wählen aus Personen, die sich der höchsten sittlichen Achtung erfreuen, und die sämtlich entweder die in ihrem Heimatlande für die Zulassung zu einem höchsten Richteramt erforderlichen Bedingungen erfüllen oder Rechtsgelehrte von anerkannter Sachkunde in Fragen des Völkerrechts sein müssen.

Die Richter und Hilfsrichter des Gerichtshofs werden soweit wie möglich aus den Mitgliedern des Ständigen Schiedshofs gewählt. Die Wahl hat binnen sechs Monaten nach der Ratifikation dieses Abkommens zu erfolgen.

Artikel 3. Die Richter und Hilfsrichter werden für einen Zeitraum von zwölf Jahren ernannt, gerechnet von dem Tage, wo die Ernennung dem durch das Abkommen zur friedlichen Erledigung internationaler Streitfälle eingesetzten Verwaltungsrat angezeigt wird. Ihre Wiederernennung ist zulässig.

Im Falle des Todes oder des Rücktritts eines Richters oder Hilfsrichters erfolgt sein Ersatz in der für seine Ernennung vorgesehenen Weise. In diesem Falle geschieht die Ernennung für einen neuen Zeitraum von zwölf Jahren.

Artikel 4. Die Richter des Schiedsgerichtshofs stehen einander gleich; sie erhalten ihren Rang nach dem Tage der Anzeige ihrer Ernennung. Ist der Tag derselbe, so gebührt der Vorrang dem nach der Geburt nach älteren.

Die Hilfsrichter sind bei der Ausübung ihres Amtes den Richtern selbst gleichgestellt. Doch haben sie ihren Rang hinter diesen.

Artikel 5. Die Richter genießen während der Ausübung ihres Amtes und außerhalb ihres Heimatlandes die diplomatischen Vorrechte und Befreiungen.

Die Richter und Hilfsrichter haben, bevor sie ihren Sitz einnehmen, vor dem Verwaltungsrat einen Eid zu leisten oder eine feierliche Versicherung abzugeben, daß sie ihr Amt unparteiisch und auf das gewissenhafteste ausüben werden.

Artikel 6. Der Gerichtshof bestellt jährlich drei Richter, die eine besondere Delegation bilden, und drei andere, die im Falle der Verhinderung zu ihrer Vertretung bestimmt sind. Ihre Wiederwahl ist zulässig. Die Wahl erfolgt durch Listenabstimmung. Als gewählt gelten diejenigen, welche die größte Stimmenzahl auf sich vereinigen. Die Delegation wählt selbst ihren Vorsitzenden; falls keine Mehrheit zustande kommt, wird er durch das Los bestimmt.

Ein Mitglied der Delegation kann sein Amt nicht ausüben, wenn die Macht, die es ernannt hat oder der es angehört, eine der Parteien ist.

Die Mitglieder der Delegation führen die ihnen übertragenen Sachen zu Ende, auch wenn der Zeitraum, für den sie zu Richtern ernannt worden sind, abgelaufen ist.

Artikel 7. Die Ausübung des Richteramts ist einem Richter in den Sachen untersagt, in denen er in irgend einer Eigenschaft bei der Entscheidung eines nationalen Gerichts, eines Schiedsgerichts oder einer Untersuchungskommission mitgewirkt hat oder als Rechtsbeistand oder Anwalt einer Partei an dem Verfahren beteiligt gewesen ist.

Ein Richter darf während der ganzen Dauer seines Amtes weder als Agent noch als Anwalt vor dem Schiedsgerichtshof oder dem Ständigen Schiedshofe, vor einem besonderen Schiedsgericht oder einer Untersuchungskommission auftreten, noch dort für eine Partei in irgendwelcher Eigenschaft tätig sein.

Artikel 8. Der Gerichtshof wählt seinen Präsidenten und seinen Vizepräsidenten nach der absoluten Mehrheit der abgegebenen Stimmen. Nach zwei Wahlgängen erfolgt die Wahl nach relativer Mehrheit; bei Stimmengleichheit entscheidet das Los.

Artikel 9. Die Richter des Schiedsgerichtshofs erhalten eine jährliche Entschädigung von sechstausend niederländischen Gulden. Diese Entschädigung ist am Schlusse jedes Halbjahrs, gerechnet von dem Tage des ersten Zusammentritts des Gerichtshofs, zu zahlen.

Während der Ausübung ihres Amtes beziehen sie im Laufe der Tagungen oder in den von diesem Abkommen vorgesehenen besonderen Fällen einen Betrag von täglich hundert Gulden. Außerdem erhalten sie eine Reisevergütung, die nach den Vorschriften ihres Heimatlandes zu bemessen ist. Die Bestimmungen dieses Absatzes gelten auch für die Hilfsrichter, wenn sie einen Richter vertreten.

Diese Gebührnisse gehören zu den im Artikel 31 vorgesehenen allgemeinen

Kosten des Gerichtshofs und werden durch Vermittlung des durch das Abkommen zur friedlichen Erledigung internationaler Streitfälle errichteten Internationalen Bureaus ausgezahlt.

Artikel 10. Die Richter dürfen weder von ihrer eigenen Regierung noch von der einer anderen Macht irgend eine Vergütung für Dienste annehmen, die zu ihren Pflichten als Mitglieder des Gerichtshofs gehören.

Artikel 11. Der Schiedsgerichtshof hat seinen Sitz im Haag und kann diesen, abgesehen von dem Falle höherer Gewalt, nicht nach einem anderen Orte verlegen.

Die Delegation kann mit Zustimmung der Parteien einen anderen Ort für ihre Sitzungen wählen, falls besondere Umstände es erfordern.

Artikel 12. Der Verwaltungsrat versieht in Ansehung des Schiedsgerichtshofs dieselben Verrichtungen, die er in Ansehung des Ständigen Schiedshofs versieht.

Artikel 13. Das Internationale Bureau dient dem Schiedsgerichtshof als Gerichtsschreiberei und hat sein Geschäftslokal und seine Geschäftseinrichtung dem Schiedsgerichtshofe zur Verfügung zu stellen. Es hat das Archiv unter seiner Obhut und besorgt alle Verwaltungsgeschäfte.

Der Generalsekretär des Internationalen Bureaus versieht die Verrichtungen eines Gerichtschreibers.

Die dem Gerichtschreiber beizugebenden Sekretäre sowie die erforderlichen Übersetzer und Stenographen werden vom Schiedsgerichtshof ernannt und vereidigt.

Artikel 14. Der Gerichtshof tritt einmal im Jahre zu einer Tagung zusammen. Die Tagung beginnt am dritten Mittwoch im Juni und dauert bis zur Erledigung der Tagesordnung.

Der Gerichtshof tritt nicht zur Tagung zusammen, wenn nach dem Dafürhalten der Delegation ein solcher Zusammentritt nicht notwendig ist. Ist jedoch eine Macht als Partei an einem vor dem Schiedsgerichtshof anhängigen Rechtsstreite beteiligt, dessen Vorverfahren beendigt ist oder seinem Ende entgegengeht, so hat sie das Recht zu verlangen, daß die Tagung stattfindet.

Nötigenfalls kann die Delegation den Gerichtshof zu einer außerordentlichen Tagung einberufen.

Artikel 15. Über die Arbeiten des Gerichtshofs wird in jedem Jahre von der Delegation ein Bericht abgefaßt. Dieser Bericht wird den Vertragsmächten durch Vermittlung des Internationalen Bureaus übersandt. Er ist ferner allen Richtern und Hilfsrichtern des Gerichtshofs mitzuteilen.

Artikel 16. Die Mitglieder des Schiedsgerichtshofs, Richter wie Hilfsrichter, können auch zu der Tätigkeit als Richter und Hilfsrichter beim Internationalen Prisenhofe berufen werden.

Zweiter Titel.
Zuständigkeit und Verfahren.

Artikel 17. Der Schiedsgerichtshof ist zuständig für alle Sachen, die auf Grund einer allgemeinen Schiedsabrede oder einer besonderen Vereinbarung vor ihn gebracht werden.

Artikel 18. Die Delegation ist zuständig:
1. für die Entscheidung der im vorstehenden Artikel bezeichneten Schiedsfälle, wenn die Parteien darin einig sind, die Anwendung des abgekürzten Verfahrens, wie es im Titel IV Kapitel 4 des Abkommens zur friedlichen Erledigung internationaler Streitfälle geregelt ist, zu verlangen;
2. für die Vornahme einer Untersuchung auf Grund und in Gemäßheit des dritten Titels des bezeichneten Abkommens, sofern die Delegation von den Parteien gemeinschaftlich hiermit betraut wird. Mit Zustimmung der Parteien dürfen in Abweichung vom Artikel 7 Abs. 1 die Mitglieder der Delegation, die an der Untersuchung teilgenommen haben, als Richter tätig sein, wenn die Streitigkeit der Schiedssprechung des Schiedsgerichtshofs oder der Delegation selbst unterbreitet wird.

Artikel 19. Die Delegation ist ferner zuständig für die Feststellung des im Artikel 52 des Abkommens zur friedlichen Erledigung internationaler Streitfälle vorgesehenen Schiedsvertrags, wenn die Parteien darin einig sind, ihr diese zu überlassen.

Sie ist ferner auf Antrag auch nur einer der Parteien zuständig, wenn zuvor eine Verständigung auf diplomatischem Wege vergeblich versucht worden ist und es sich handelt

1. um einen Streitfall, der unter ein nach dem Inkrafttreten dieses Abkommens abgeschlossenes oder erneuertes allgemeines Schiedsabkommen fällt, sofern letzteres für jeden einzelnen Streitfall einen Schiedsvertrag vorsieht und dessen Feststellung der Zuständigkeit der Delegation weder ausdrücklich noch stillschweigend entzieht. Doch ist, wenn die Gegenpartei erklärt, daß nach ihrer Auffassung der Streitfall nicht zu den der obligatorischen Schiedssprechung unterliegenden Fragen gehört, die Anrufung des Gerichtshofs nicht zulässig, es sei denn, daß das Schiedsabkommen dem Schiedsgerichte die Befugnis zur Entscheidung dieser Vorfrage überträgt;
2. um einen Streitfall, der aus den bei einer Macht von einer anderen Macht für deren Angehörige eingeforderten Vertragsschulden herrührt und für

dessen Beilegung das Anerbieten schiedsrichterlicher Erledigung angenommen worden ist. Diese Bestimmung findet keine Anwendung, wenn die Annahme unter der Bedingung erfolgt ist, daß der Schiedsvertrag auf einem anderen Wege festgestellt werden soll.

Artikel 20. Jede Partei hat das Recht, einen Richter des Gerichtshofs zu bestellen, um mit beschließender Stimme an der Prüfung der der Delegation unterbreiteten Sache teilzunehmen.

Dieser Auftrag kann, wenn die Delegation als Untersuchungskommission tätig ist, auch Personen übertragen werden, die nicht aus den Richtern des Gerichtshofs genommen sind. Die diesen Personen zu gewährenden Reisekosten und Bezüge werden von den Mächten, die sie ernannt haben, festgesetzt und getragen.

Artikel 21. Der Zugang zu dem durch dieses Abkommen eingerichteten Schiedsgerichtshofe steht nur den Vertragsmächten offen.

Artikel 22. Der Schiedsgerichtshof befolgt die in dem Abkommen zur friedlichen Erledigung internationaler Streitfälle aufgestellten Regeln über das Verfahren, soweit nicht das vorliegende Abkommen ein anderes bestimmt.

Artikel 23. Der Gerichtshof entscheidet über die Wahl der Sprache, deren er sich bedienen wird, und der Sprachen, deren Gebrauch vor ihm gestattet sein soll.

Artikel 24. Das Internationale Bureau dient als Vermittler für alle Mitteilungen, die an die Richter im Laufe des im Artikel 63 Abs. 2 des Abkommens zur friedlichen Erledigung internationaler Streitfälle vorgesehenen Vorverfahrens zu machen sind.

Artikel 25. Der Gerichtshof kann sich zur Bewirkung aller Zustellungen, insbesondere an die Parteien, Zeugen und Sachverständigen, unmittelbar an die Regierung der Macht wenden, in deren Gebiete die Zustellung erfolgen soll. Das gleiche gilt, wenn es sich um die Herbeiführung irgend einer Beweisaufnahme handelt.

Die zu diesem Zwecke erlassenen Ersuchen können nur abgelehnt werden, wenn die ersuchte Macht sie für geeignet hält, ihre Hoheitsrechte oder ihre Sicherheit zu gefährden. Wird dem Ersuchen stattgegeben, so dürfen die Kosten nur die Auslagen begreifen, die durch die Erledigung wirklich entstanden sind.

Dem Gerichtshofe steht gleichfalls frei, die Vermittlung der Macht in Anspruch zu nehmen, in deren Gebiet er seinen Sitz hat.

Die Zustellungen an die Parteien, die an dem Orte erfolgen soll, wo der Gerichtshof seinen Sitz hat, können durch das Internationale Bureau bewirkt werden.

Artikel 26. Die Verhandlung wird von dem Präsidenten oder dem Vizepräsidenten und im Falle der Abwesenheit oder Verhinderung beider von dem im Range ältesten der anwesenden Richter geleitet.

Der von einer der Parteien ernannte Richter kann nicht Vorsitzender sein.

Artikel 27. Die Beratung des Gerichtshofs erfolgt nicht öffentlich und bleibt geheim.

Jede Entscheidung ergeht nach der Mehrheit der anwesenden Richter. Wenn sich bei einer geraden Zahl von Richtern Stimmengleichheit ergibt, so wird die Stimme des nach Artikel 4 Abs. 1 im Range jüngsten Richters nicht mitgezählt.

Artikel 28. Die Urteile des Gerichtshofs sind mit Gründen zu versehen. Sie enthalten die Namen der Richter, die daran teilgenommen haben; sie werden von dem Vorsitzenden und dem Gerichtsschreiber unterzeichnet.

Artikel 29. Jede Partei trägt ihre eigenen Kosten selbst und die besonderen Kosten des Verfahrens zu gleichem Anteile.

Artikel 30. Die Bestimmungen der Artikel 21 bis 29 finden auf das Verfahren vor der Delegation entsprechende Anwendung.

Wenn das Recht, der Delegation ein Mitglied beizugeben, nur von der einen Partei ausgeübt worden ist, so wird die Stimme des beigegebenen Mitglieds bei Stimmengleichheit nicht mitgezählt.

Artikel 31. Die allgemeinen Kosten des Gerichtshofs werden von den Vertragsmächten getragen.

Der Verwaltungsrat wendet sich an die Mächte, um die für die Tätigkeit des Gerichtshofs erforderlichen Beträge zu erhalten.

Artikel 32. Der Gerichtshof stellt selbst seine Geschäftsordnung auf, die den Vertragsmächten mitzuteilen ist.

Nach der Ratifikation dieses Abkommens wird der Gerichtshof möglichst bald zusammentreten, um die Geschäftsordnung auszuarbeiten, den Präsidenten und den Vizepräsidenten zu wählen sowie die Mitglieder der Delegation zu bestellen.

Artikel 33. Der Gerichtshof kann Abänderungen der das Verfahren betreffenden Bestimmungen dieses Abkommens vorschlagen. Diese Vorschläge werden durch Vermittlung der Regierung der Niederlande den Vertragsmächten mitgeteilt, die sich über die ihnen zu gebende Folge verständigen werden.

Dritter Titel.
Schlußbestimmungen.

Artikel 34. Dieses Abkommen soll möglichst bald ratifiziert werden.

Die Ratifikationsurkunden sollen im Haag hinterlegt werden.

Über die Hinterlegung einer jeden Ratifikationsurkunde soll ein Protokoll aufgenommen werden; von diesem soll beglaubigte Abschrift allen Signatarmächten auf diplomatischem Wege mitgeteilt werden.

Artikel 35. Dieses Abkommen tritt sechs Monate nach der Ratifikation in Kraft.

Es hat eine Dauer von zwölf Jahren und gilt in Ermanglung einer Kündigung als stillschweigend von zwölf zu zwölf Jahren erneuert.

Die Kündigung muß wenigstens zwei Jahre vor dem Ablauf eines jeden Zeitraums der Regierung der Niederlande erklärt werden, die hiervon den anderen Mächten Kenntnis geben wird.

Die Kündigung soll nur in Ansehung der Macht wirksam sein, die sie erklärt hat. Für die Beziehungen zwischen den übrigen Vertragsmächten bleibt das Abkommen in Kraft.